PROCHAIN RETOUR

DES

DÉLUGES UNIVERSELS

ÉTABLI SUR DES PREUVES CERTAINES

PAR

M. A. BOUVIER

» *Luz in tenebris lucet et tenebræ eam*
» *non comprehenderunt.* »
(Évangile de S. Jean, ch. I, v. 5.)

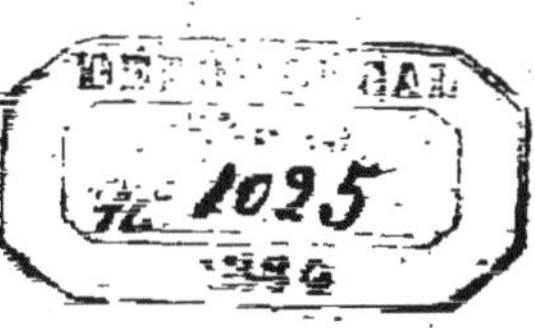

LYON

SE VEND CHEZ LES PRINCIPAUX LIBRAIRES

1864

PROCHAIN RETOUR

DES

DÉLUGES UNIVERSELS

LYON. — TYPOGRAPHIE C. JAILLET, RUE MERCIÈRE, 92.

PROCHAIN RETOUR

DES

DÉLUGES UNIVERSELS

ÉTABLI SUR DES PREUVES CERTAINES

PAR

M. A. BOUVIER

» *Lux in tenebris lucet et tenebræ eam*
» *non comprehenderunt.* »
(Évangile de S. Jean, ch. I, v. 5.)

LYON

SE VEND CHEZ LES PRINCIPAUX LIBRAIRES

1864

AVANT-PROPOS

On a reproché à mon *Système des Mondes* d'attribuer à l'univers une structure différente de celle que l'aspect du ciel semble lui assigner. On a prétendu en outre qu'il ne suffit pas qu'une théorie rende compte des faits, qu'il faut encore qu'elle soit appuyée sur des autorités dignes de foi.

N'ayant rien trouvé chez les savants modernes qui eût quelque rapport avec mon système, je me suis demandé si la vérité n'avait jamais été connue sur la terre ; dans cette pensée, j'ai tourné mes regards vers les anciens. Le premier fait qui m'a frappé, parmi les écrits qui nous sont parvenus de l'antiquité, c'est la périodicité des déluges telle qu'elle est décrite dans un passage de Bérose. Ce passage prouve qu'il a existé, il y a plus de 3,000 ans, un homme qui a reconnu à l'univers la même structure que celle à laquelle le principe physique qui m'a servi de guide dans mes recherches, m'a conduit à lui reconnaître moi-même. L'astronome quel qu'il soit, qui nous a conservé la mémoire de ce fait, a incontestablement connu les lois auxquelles l'Eternel a subordonné l'univers. La conjonction générale des planètes aux déluges universels, telle qu'il l'a décrite dans ce même passage, en est une autre preuve. Ce phénomène qui a beaucoup intrigué les savants m'avait d'abord échappé, mais j'ai reconnu depuis qu'il a réellement lieu à ces époques désastreuses où les lois astronomiques actuelles sont entièrement changées.

Ce témoignage rendu à l'exactitude de mon système par un savant qui vivait à une époque encore si rapprochée du dernier déluge, est sans doute d'un grand poids ; mais chaque ouvrage des anciens, une fois compris, devient un témoignage de la structure de ce vaste mécanisme à la connaissance de laquelle m'a conduit le principe qui y entretient le mouvement et la vie.

Cependant les ouvrages des anciens ne contiennent pas seulement l'histoire de la terre, ils embrassent encore celle de ses habitants et de leurs institutions. La religion, par exemple, qu'ils ont établie pour unir les hommes par les liens d'une douce fraternité, a été calquée sur les attributs éternels de la Divinité dont elle est la fidèle image ; et le Christ, qui est la base et le sommet de cette sublime institution, est le principe et la fin de toutes choses. Et telle a été la science de ces anciens précepteurs du genre humain, que rien ne leur a échappé : ni le système de cette faculté au moyen de laquelle nous nous déterminons et que nous appelons *intelligence* ; ni la nature de cet autre nous-même, en lequel nous revivons dans un autre monde et que nous appelons *âme ;* ni le procédé des *générations* et des *résurrections* par lesquelles la nature perpétue les races qui peuplent ses domaines infinis ; ni les lois auxquelles l'Eternel a subordonné le salut de l'homme.

Les savants modernes ont beaucoup fait pour sortir de l'antre obscur dans lequel les anciens nous ont enfermés, par la conversion de la vérité en énigmes ; toutefois ils ne parviendront à dissiper les ténèbres qui enveloppent le monde qu'en étudiant les lois qui régissent l'univers, et les allégories par lesquelles les anciens ont voilé l'histoire de la terre. Ce ne sera que par cette double étude qu'ils se mettront en état d'éclairer les hommes sur les dangers du prochain déluge, et d'affirmer les principes moraux et religieux propres à conduire les hommes dans les voies du salut éternel. Je m'estimerai heureux si cet ouvrage contribue en quelque chose à faire entrer les savants dans cette nouvelle carrière.

PROCHAIN RETOUR

DES

DÉLUGES UNIVERSELS

J'ai fait voir dans mon *Système des Mondes* que les déluges universels sont périodiques. La nature que le Créateur enfante de son souffle éternel, est soumise à des crises qui se reproduisent à des intervalles de temps égaux, et que les anciens ont désignés sous le nom de grandes années.

Les savants modernes connaissent les faits dus à la violence de ces crises, mais ils ignorent leur cause. Le temps auquel ces crises se succèdent leur est également inconnu; et ils ne peuvent nous fournir aucune donnée sur l'époque de leur retour. C'est cependant cette époque qu'il nous importe surtout de connaître; car alors tous les êtres vivants sont menacés des périls les plus terribles. Dans ces circonstance affreuses, les uns sont engloutis par les mers qui s'élancent sur les continents, ou congelés instantanément par un froid subit et mortel (317) (1). Ceux qui sont hors de portée de ces horribles atteintes deviennent la victime des torrents qui sont débordés ou de la chaleur brûlante qui dévore tout ce qui est exposé à sa violence (350). Ce qui échappe à ces fléaux destructeurs est consumé par la famine que produisent les intempéries qui ravagent tout. Tel est le sort fatal réservé à la stupide ignorance de l'a-

(1) Tous les numéros compris entre parenthèses renvoient le lecteur aux divers numéros de mon *Système des Mondes*.

nimal privé de raison. En sera-t-il de même de l'homme dont les regards pénétrants lisent dans les cieux, dont la pensée est aussi vaste que l'espace, et le génie plus profond que les mystères de la nature ne sont cachés? Est-ce que cet être intelligent par excellence n'apprendra pas à lire l'histoire de l'avenir dans celle du passé, et que, maîtrisant en quelque sorte la nature, il ne profitera pas de ses dons pour prévoir ses coups et se mettre en état de les éviter?

Ce qui fait craindre un pareil malheur, c'est l'ignorance dans laquelle il vit du sort qui l'attend. Lorsque le souvenir du dernier déluge était encore présent à la mémoire, l'apparition de chaque comète précipitait les peuples au pied des autels, un nombre cabalistique mal compris produisait une épouvante universelle; mais après avoir été plusieurs fois témoins de ces vaines frayeurs, les hommes ont fini par rire de leur peur, et plus on approche du nouveau déluge, moins on pense qu'il doive arriver. En annonçant qu'il n'existe rien dans l'univers qui soit de nature à troubler l'état astronomique actuel, les savants contribuent encore à fortifier cette erreur. Mais la nature est mathématique et partant explicable, et c'est la connaissance de la constitution de cette Essence infinie qui sauvera l'homme, car tout ce qui est explicable sera expliqué.

On peut voir dans mon *Système des Mondes* que tous les phénomènes sont enchaînés les uns aux autres par une cause unique et qu'ils forment par leur ensemble l'histoire de l'univers.

Je ferai voir dans le cours de cet ouvrage que les anciens ont connu le même enchaînement de phénomènes et qu'ils en ont déduit la même histoire de l'univers que moi. Riches d'une infinité d'observations faites dans des circonstances favorables, les écrivains de cette époque reculée nous ont conservé, sous le voile de l'allégorie, une multitude de faits que la théorie seule est impuissante à nous révéler, et, ce qui nous importe par-dessus tout, la durée de la grande année et l'époque du nouveau déluge.

Cependant la voix d'un seul est impuissante à tirer les peuples de l'indifférence dans laquelle ils sont tombés. Le tumulte qui s'élève de la confusion des opinions qui se croisent, se heurtent et se combattent dans le monde, est trop grand pour que les lumières de la démonstration puissent ouvrir les yeux à un peuple chez lequel une longue habitude a en quelque sorte naturalisé l'erreur. Ces divergences d'idées, de croyances, de systèmes, ne peuvent être ramenées dans la voie de la vérité, qui est celle du salut, qu'autant que les bons esprits uniront leurs efforts pour atteindre ce but.

C'est de cette union que l'intelligence humaine tire cette espèce de toute-puissance par laquelle elle force la nature à prodiguer aux hommes des biens qui ne leur étaient pas destinés, et qu'elle écarte la plupart des maux qui leur ont été si largement départis.

Mais cet heureux concours d'efforts intellectuels s'établira-t-il au sujet du nouveau déluge? Ce qui m'en inspire la confiance, c'est l'espoir que les savants reconnaîtront que leurs recherches instrumentales sont insuffisantes pour découvrir le genre de vie auquel l'Eternel a subordonné la conservation de ses ouvrages. Ils y joindront tous les moyens qu'offre la théorie et ceux que les anciens nous ont conservés dans leurs livres; et, unissant leurs efforts aux miens, ils substitueront la lumière aux ténèbres qui enveloppent la terre depuis si longtemps.

Mais, dira-t-on, nous vivons dans un siècle de lumières, jamais les arts ni les sciences n'ont jeté un plus vif éclat que de nos jours. Nous avons fait de l'électricité la messagère de notre pensée. L'eau, transformée en vapeur, est devenue entre nos mains un agent d'une force immense : dans nos usines, elle nous permet d'exécuter des travaux de géant; dans les métiers, elle économise les bras et augmente les produits. Locomotive puissante, elle emporte nos fardeaux avec une vitesse supérieure à celle des vents les plus légers. Nous apprenons à prévoir les tempêtes; et, plus que jamais, la terre, docile à nos vœux, nous fournit des animaux et des fruits de notre choix. Où donc est la supériorité des connaissances que les anciens ont eues sur nous?

Il est vrai, il est même juste d'en convenir, l'industrie est à l'apogée de sa splendeur, et il en découle une somme de bien être qui se répand dans tous les rangs de la société. Grâces en soient donc rendues à ces génies dont les savantes recherches ont doté l'humanité de tant d'utiles découvertes, mais ces découvertes qui flattent notre amour-propre, et dont l'industrie a fait son profit, sont dues au tâtonnement; aucune d'elles n'a été le fruit de la théorie, et il est un autre ordre de choses dans la connaissance desquelles notre siècle n'est pas plus avancé que ne l'ont été les siècles les moins avancés sous le rapport des lumières. Le télescope a vainement ouvert les portes du ciel aux savants, ils n'ont pas compris l'organisation de l'univers. Ils voient les planètes se mouvoir autour du soleil, mais la cause de leurs mouvements leur échappe. Ils reconnaissent que la terre a passé par des phases, mais ils ignorent son histoire. Ils ne savent même pas d'où nous venons, ni où nous allons. Le système de l'intelligence et la nature de l'âme sont encore des mystères pour eux : ils n'en n'étaient pas pour les anciens, qui nous ont fait connaître notre destination éternelle dans les institutions religieuses qu'ils nous ont transmises.

Interrogés sur l'origine des mondes, ces mêmes savants répondent avec Laplace, qu'autrefois le soleil, la terre et les planètes n'étaient qu'une vaste nébuleuse en voie de condensation. Aux progrès que faisait la condensation correspondait une augmentation de vitesse dans le mouvement rotatoire de ce corps immense. A l'augmentation de la vitesse du mouvement correspondait une augmentation de force centrifuge. Et il arriva, selon ces messieurs, un instant où la force centrifuge balança la force centripète, alors les parties superficielles de la nébuleuse, qui tendaient à se centraliser, furent retenues par la force centrifuge à des distances plus ou moins grandes, et formèrent des anneaux semblables à celui de Saturne. La matière qui composait ces anneaux s'aggloméra et forma la planète.

C'est ainsi que sans connaître la cause d'aucun phénomène, et que s'appuyant sur des aperçus incomplets, les savants modernes donnent au monde une origine différente de celle que Moïse et Ovide lui ont attribuée.

Mais pour s'expliquer l'origine du monde, il faut, comme ces deux grands astronomes de l'antiquité, pénétrer jusqu'au sein de l'Eternel, et y lire les mystères dont il a voilé ses ouvrages. C'est ce qu'aucun des savants modernes n'a encore fait.

C'est à tort qu'on a prétendu que les anciens ont été peu avancés en astronomie et en physique. Ces grands génies ont connu la vérité tout entière. S'ils l'ont enveloppée sous des formes allégoriques, c'est à nous de l'y chercher, et ces recherches feront l'objet de cet ouvrage.

Toutefois, nous les ferons précéder de l'explication de quelques phénomènes importants qui ont été omis dans notre *Système des Mondes*, ou qui n'ont pas reçu des développements suffisants.

Mais est-il vrai qu'en se condensant la nébuleuse ait produit des anneaux dont l'agglomération a donné lieu à la formation des planètes du système solaire? L'anneau de Saturne, dont l'auteur de cette hypothèse invoque l'analogie, n'est qu'un assemblage de météorites rendus visibles par leur multitude et leur rapprochement. Ces globules sont engendrés par le résidu des courants que Saturne envoie à ses satellites, de la même manière que nos étoiles filantes le sont du résidu du courant qui de la terre se porte sur la lune. (263 *et suivants.*)

Une nébuleuse est un assemblage de substances de toutes espèces, auxquelles l'égalité de température permet de séjourner dans les mêmes lieux, de s'y mêler les unes aux autres, de se confondre sans distinction de nature et de la même manière que des matières solides et liquides, gazéifiées par la chaleur, se mêlent dans l'air et y forment des nuages; mais si le calorique qui a communiqué cette inégalité de température aux diverses substances qui composent le nuage, vient à les abandonner, à l'instant chacune d'elles reprend dans la planète la place qui est en rapport avec sa nature; c'est ainsi, lorsque les gaz légers qui ont communiqué aux différentes parties qui composent la nébuleuse l'élasticité qui lui est propre viennent à l'abandonner, que chacune de ces parties prend dans ce vaste corps la position qui est en rapport avec sa nature, et qu'a lieu la transformation de la nébuleuse en planète.

Les savants considèrent la voie lactée comme une nébuleuse en voie de condensation, et les différentes parties du ciel, qui s'offrent sous un aspect laiteux et sous des formes diverses, plus ou moins résolubles en étoiles au télescope, passent chez eux pour des mondes à divers degrés de formation. Cette idée n'est pas d'accord avec la stabilité de l'univers, car un monde en voie d'organisation passerait par des phases qui modifieraient ses lois; il en serait de même s'il était en voie de désorganisation. La voie lactée est une des grandes couches dont l'univers est composé, limitée dans son épaisseur et étendue à l'infini dans le sens de son grand diamètre (15).

La couleur blanchâtre qui distingue cette zone du ciel est produite par les vapeurs explosives qui, au dernier déluge, ont été lancées dans le sens du grand diamètre de cette couche de l'univers, et que la lumière qui nous arrive chaque jour de plus loin entretient à nos yeux en sa première forme (302).

Les apparentes nébuleuses qui se voient çà et là dans les autres points du ciel, sont des portions de grandes couches latérales dont la lumière nous apporte la vision, à la faveur de la disposition des systèmes solaires qui les peuplent (304 et 395).

L'univers est composé de deux principes contraires : l'espace et la matière, et ces deux principes sont complémentaires l'un de l'autre (1). La matière, à son tour, est divisée en deux parties complémentaires l'une de l'autre (34). La terre, l'eau, l'air et toutes les substances pesantes appartiennent à la première de ces parties; le calorique, l'électricité et tous les gaz légers qui ont la propriété de circuler ou de pénétrer dans les substances pesantes appartiennent à la seconde partie.

Si toute la matière était uniformément distribuée dans l'espace, elle formerait une substance homogène qui ne serait ni pleine ni vide, ni pesante ni légère, ni dure ni molle, ni chaude ni froide. Cette substance posséderait l'état moyen des substances de la nature. Cet état est celui des substances interplanétaires.

Mais toute substance qui dans un espace donné possède plus de matière que la moyenne est expansive et légère.

Pour une pareille substance, le vide extérieur est plus grand que l'intérieur et cette substance tend à s'élargir.

Au contraire, toute substance qui, dans le même espace, possède moins de matière que la moyenne, est pesante et tend à se serrer. Pour une pareille substance, le vide est intérieur, et elle tend à le combler par son resserrement.

Chacune des deux parties de la matière d'ordre contraire est composée d'un nombre infini de substances qui diffèrent entre elles par des nuances infinies, et chaque nuance d'un ordre a sa complémentaire dans la nuance qui lui correspond dans l'ordre contraire; en sorte que les substances les plus légères sont les complémentaires des plus pesantes, et que les moins légères sont celles des moins pesantes.

Cette relation que les substances d'un ordre ont avec les substances de l'ordre contraire, nous met en état de rendre compte de plusieurs phénomènes sur lesquels les savants tombent dans des contradictions sans nombre.

En effet, pour que les substances les plus dures et les plus denses, qui composent la partie solide d'une nébuleuse cométaire, puissent être raréfiées et portées au degré d'élasticité de l'air et même des gaz encore moins pesants que ce fluide, il faut que les substances légères surabondent dans ces vastes corps. Dans un pareil état, si une nébuleuse passe par des points de l'espace où les substances légères sont plus rares que dans son sein, ces substances doivent l'abandonner pour se porter dans l'espace plus vide qui l'environne, et les substances solides qu'elles raréfiaient se resserrer sur son centre et y former une espèce de noyau; mais si la nébuleuse reste libre dans ses mouvements, et qu'elle pénètre dans des points de l'espace où les substances légères sont plus abondantes que dans son sein, les substances de cet ordre y rentrent de nouveau et rendent à la matière solide sa première élasticité.

L'état des nébuleuses cométaires est donc compris entre celui des espaces célestes et celui des planètes. La loi à laquelle ces sortes de corps sont soumis, dans les systèmes solaires, les rapproche tantôt davantage de l'un de ces états et tantôt davantage de l'autre; mais ils passent définitivement à l'état planétaire lorsqu'ils entrent dans des points de l'espace où ils ne peuvent plus réparer leurs pertes.

On sait que la visibilité est une qualité qui n'appartient guère qu'à la matière solide, la liquide n'est presque pas visible et l'aérienne est tout-à-fait transparente. La visibilité d'une nébuleuse dépend donc de la raréfaction de la matière solide. Lorsque la matière solide, dépouillée des substances légères qui la raréfient, vient à se resserrer, les parties gazeuses, mais encore pesantes, de la nébuleuse auxquelles elle communiquait la visibilité, reprennent leur transparence et disparaissent à nos yeux. Cette disparition équivaut pour nous à une diminution de volume; au contraire, lorsque la matière solide gazéifiée gagne les hautes régions atmosphériques de la nébuleuse, la partie de ce vaste corps qu'elle envahit de nouveau reparaît à nos yeux, et nous prenons cette extension de la matière solide pour une augmentation de volume.

J'ai fait voir dans mon *Système des Mondes* que les substances pesantes qui composent les planètes sont distribuées autour du centre dans l'ordre décroissant de leur pesanteur, en allant de ce point à leur surface, et que les substances légères y sont disposées dans l'ordre décroissant de leur légèreté, en allant dans le meme sens. (55 *et suivants*.)

Cette disposition de la matière pesante est facile à constater. L'air n'est pas si pesant que l'eau au-dessus de laquelle il est placé, l'eau ne l'est pas autant que la terre sur laquelle elle repose.

La disposition des substances légères n'est pas aussi facile à reconnaître ; toutefois, la formation de la chaleur du soleil nous apprend que le calorique est la complémentaire de l'air. En effet, les rayons de cet astre, encore impuissants à fondre la neige aux sommets des montagnes, arrivent deux ou trois kilomètres plus bas avec une chaleur brûlante (72). Or, la pesanteur de l'air auquel les rayons du soleil empruntent la chaleur, diminue en allant de bas en haut, et, par conséquent, la légèreté de sa complémentaire, qui est la chaleur, augmente en allant de haut en bas ; et les basses régions aériennes offrent aux rayons solaires un aliment plus abondant que les hautes (72).

La terre étant beaucoup plus pesante que l'air, sa complémentaire doit être beaucoup plus légère que celle de ce fluide. Or, l'électricité qui circule dans la matière solide avec une vitesse si prodigieuse doit être très-déliée. Cette substance est probablement la complémentaire de la couche superficielle de la terre. Si la présence de l'électricité se manifeste dans l'air et au sein des nuages, c'est qu'une portion de matière solide est en dissolution dans l'air et qu'elle entre dans la formation des nuages.

La matière liquide a aussi sa complémentaire dont la légèreté est comprise entre celle des complémentaires des matières solides et aériennes entre lesquelles l'eau se place par sa pesanteur.

Cependant, quoique l'existence et la disposition des substances légères soit difficile à reconnaître, c'est à leur action que l'Eternel a subordonné la vie de tous les êtres. Les corps célestes lui doivent leurs mouvements. Leur distance se mesure sur l'intensité des courants qu'ils forment (50 *et suivants*), et ces courants sont le principe de leurs marées (69), de l'accroissement de leurs renflements équatoriaux et de leurs dépressions polaires (106 *et suivants*). En un mot, tous les phénomènes astronomiques et géologiques ne peuvent s'expliquer que par leur action.

Mais de cette double disposition que les substances d'ordre contraire prennent dans la planète, il suit qu'il n'y a pas plus de matière, point par point, à son centre qu'à l'extrémité de son atmosphère, ni même que dans les espaces interplanétaires.

Cela paraît étrange qu'il y ait dans les espaces célestes qui nous laissent voir les corps ultérieurs, autant de matière que dans la terre, dont l'interposition de la moindre parcelle nous en dérobe la vue.

Les substances répandues dans les espaces interplanétaires ne sont ni pleines ni vides, ni pesantes ni légères ; elles possèdent l'état moyen des substances qui composent la nature (72). Mais dans les planètes, ces substances sont triées et forment deux séries complémentaires l'une de l'autre.

La matière solide occupe l'extrémité de l'une de ces deux séries, et sa complémentaire occupe l'extrémité de l'autre série. Or, la matière solide surpasse autant de fois, en vide, les substances interplanétaires, que les substances légères, qui forment sa complémentaire, les surpassent en plein.

Mais la plénitude du fluide lumineux est égale à celle des substances légères qui composent la complémentaire de la partie superficielle de la terre. Deux substances de même plénitude se font équilibre. Le fluide lumineux traverse donc librement les espaces célestes, dans lesquels il ne rencontre aucune substance d'une plénitude égale à la sienne; mais la complémentaire de la terre l'arrête.

La rencontre de ces deux fluides de même plénitude à la surface de la terre produit leur décomposition. Les substances de même nature s'unissent. Les mollécules légères qui tendent à se dégager des corps terrestres, se joignent aux analogues qu'elles ont dans la lumière, et les substances pesantes qui sont dans la lumière se joignent aux analogues qu'elles ont dans les corps terrestres. Par ce triage, la lumière devient toujours la complémentaire du dernier corps avec lequel elle a été en contact; et c'est toujours la vision de ce dernier corps qu'elle produit dans les animaux doués de l'organe de la vue (237). Qu'il y a loin de ce procédé simple et mathématique de la formation de la lumière aux ondulations de l'éther!

Un autre phénomène qui prouve également la disposition des deux substances d'ordre contraire dans le corps des planètes, c'est l'augmentation toujours croissante de la chaleur à mesure qu'on pénètre plus profond dans la terre. Ce fait a donné lieu aux savants de supposer que l'intérieur de ce globe est en ébullition, et que sa surface n'est qu'une pellicule refroidie.

Les substances pesantes croissant en durcté dans la même proportion que les substances légères croissent en plénitude, en allant de la surface du globe à son centre, ces deux substances d'ordre contraire sont toujours dans un rapport qui entretient l'équilibre entre elles. Elles ne peuvent pas plus s'entamer dans l'intérieur de la terre qu'à sa surface. Pour que la matière solide entre en ébullition, il faut que les substances légères se décentralisent. La décentralisation de ces substances se produit, pendant un certain temps, à la fin de chaque grande année.

La décentralisation des substances légères se fait dans

la direction de l'axe de la terre. Le mouvement décentralisateur de ces substances est combattu par une force extérieure qui l'arrête à une profondeur du globe qui est en raison de la dépression polaire. C'est là que le cumul des substances légères fait tomber en fusion la matière solide dont elle élève indéfiniment la température ; et c'est cette matière liquéfiée qui, s'élargissant du dedans au dehors, forme les montagnes (285).

La formation des montagnes n'est pas le seul effet produit par la décentralisation des substances légères, tous les corps qui se meuvent librement à la surface de la terre ou dans son atmosphère, et qui sont à une certaine proximité des points par lesquels la terre entr'ouverte vomit la matière enflammée, s'y portent comme sur un centre nouveau.

Les fleuves qui de ces points coulaient dans une direction opposée, remontent vers leur source (1). Les mers circonvoisines sortent de leurs lits et se jettent dans ce gouffre béant de feu (2). Ces eaux, rejetées par la chaleur en tourbillons de vapeurs, se répandent dans l'atmosphère où la condensation les convertit en pluies diluviennes (3). Les courants d'air refroidi s'y précipitent et en sont aussi rejetés par la chaleur en tourbillons de flammes. Les étoiles filantes vont s'abîmer dans ces gouffres qui, se refermant sur elles, les y retiennent emprisonnées avec des masses d'air et d'eau. Ces éléments, plus dilatables que la matière qui les environne, produisent avec le temps de nouveaux volcans et de nouveaux tremblements de terre.

---

(1) Jourdain, pourquoi es-tu retourné en arrière ? (*Ps.* 145, *v.* 3.)

(2) Mer, pourquoi as-tu fui ? (*Ps.* 145.)

(3) C'est la rupture des sources du grand abime et l'ouverture des cataractes du ciel. (*Genèse, ch.* 7, *v.* 2.)

Cette fin des étoiles filantes nous apprend de quelle nature étaient les enfants que le vieux Saturne de la fable dévorait, que dévorera le Saturne actuel et que dévoreront tous les Saturnes futurs.

La température des corps augmente ou diminue suivant que les substances légères les envahissent ou les abandonnent. Or, les substances de cette nature pénètrent dans les corps ou en sortent, suivant qu'elles sont plus ou moins abondantes dans les espaces ambiants que dans leur sein.

Et puisque la plénitude des substances légères va toujours en augmentant de la surface de l'atmosphère de la terre jusqu'à son centre, la température d'un corps qui s'avance vers le centre doit augmenter ; elle doit au contraire diminuer s'il s'en éloigne.

Quoique étranger aux sciences, mais fort du principe physique qui me sert de guide, je vais faire voir, contrairement à l'opinion généralement reçue, que, dans l'acte de la respiration, ce n'est pas l'air qui agit sur la vie animale, mais que ce sont ses complémentaires.

Par lui-même l'air ne peut rien : substance pesante, il ne peut prendre dans les corps que le rang que lui assigne sa nature. Il ne circule pas par les pores de la matière solide, la plus mince membrane suffit pour le contenir. L'action vivifiante qu'on lui attribue est due à ses complémentaires qui pénètrent avec lui dans la poitrine des animaux.

La preuve que ce sont les complémentaires de ce fluide qui, dans la respiration agissent sur la vie animale, se tire du jeu même du mécanisme au moyen duquel ce phénomène se produit.

C'est par la contraction de l'organe respiratoire qu'a lieu l'expulsion de l'air inspiré. Or la contraction est le résultat d'un resserrement de molécules, et il n'y a point de resserrement sans refroidissement.

Mais la contraction implique la dilatation, et il n'y a pas de dilatation sans augmentation de chaleur.

Or, l'air qui pénètre dans les organes respiratoires est d'une température inférieure à celle qui règne dans ces organes, par conséquent il ne peut pas les dilater; celui qui en sort est à une température au moins égale à la leur, et par conséquent il ne peut pas les contracter.

Mais si la dilatation des organes respiratoires n'est pas produite par l'air, elle ne peut l'être que par ses complémentaires qui, se dégageant de ce fluide à mesure qu'il pénètre dans ces organes, passent dans les chairs qu'elles dilatent. Dépouillé de ses complémentaires, l'air devient plus pesant et acquiert des qualités absorbantes. Parvenu au fond de l'organe, il en dépouille à son tour les complémentaires. Appauvries en substances légères, les chairs de cette partie de l'organe se contractent et en expulsent l'air par leur resserrement.

Chaque inspiration produit donc dans l'animal un courant qui passe par toutes les parties du corps. Les chairs que ce courant a dilatées se contractent après son passage pour se dilater de nouveau sous l'affluence du courant produit par l'inspiration suivante, et ainsi de suite. C'est aux alternatives de dilatation et de condensation produites sur les diverses parties du corps par l'intermittence des courants que sont dus tous les phénomènes de la vie animale.

Tous les êtres de l'univers doivent leurs formes aux diverses combinaisons que les substances pesantes prennent entre elles; mais ce sont les substances légères qui les vivifient. L'Eternel a voulu que tous les corps de grandeur, de forme, de nature différentes, fussent soumis à la même loi ; et les soulèvements et les abaissements périodiques de l'Océan sont dus à la même cause que celle qui vivifie les animaux. Les points de la terre qui sont dans la direction de la lune et du soleil, se resserrent par la perte d'une partie de leurs complémentaires qui se portent dans la direction de ces astres. Ce resserrement réduit la capacité du lit des mers qui lui correspond, et les eaux resserrées dans un moindre espace s'élèvent ; mais lorsque cette partie de la terre est emportée par le mouvement diurne dans une autre direction, les substances légères y rentrent, et rendant leur capacité aux lits des mers, les eaux baissent (71).

Cette théorie des marées est mathématique. Dans un mémoire que j'ai présenté à l'Académie des sciences de Paris, à l'occasion du concours ouvert par elle sur la théorie mathématique de ce phénomène, j'ai fait voir que cette théorie est liée dans tous ses rapports à la théorie de l'univers. Si l'Académie n'a pas partagé ma manière de voir, c'est, je pense, qu'elle y a vu une atteinte portée au système astronomique actuel.

L'accord de mon système avec les systèmes astronomiques des anciens, mettra du moins, je l'espère, cette savante Compagnie sur la voie du principe physique qui anime l'univers.

Mais puisque la chute du plein dans le vide est la loi universelle (2), on peut poser en principe que *la matière fait obstacle à la chute de la matière,* et définir la pesanteur : *La tendance de la matière des points où elle est plus abondante dans ceux où elle est plus rare.*

Cette définition convient parfaitement aux couches de plein qui se fendent en deux parties égales, pour tomber dans les couches vides latérales avec les systèmes solaires qui les peuplent (18) ; mais elle subit une modification essentielle en ce qui concerne la tendance des substances pesantes dont la planète est constituée. Ces substances tendent vers les points où les substances légères sont le plus abondantes. Or, la plénitude suprême des substances de cette nature est au centre de la planète, et c'est le point sur lequel tombent toutes les substances pesantes qui la constituent (28).

Cependant les substances légères convergent du centre du globe dans la direction équatoriale, avec plus de force que dans la polaire. Et la chute des corps s'infléchit de toutes les latitudes vers le plan équatorial. Elle s'infléchit également du côté des montagnes, parce que les complémentaires de la matière solide sont plus pleines que celles de l'air ou de l'eau.

L'accélération de la chute des graves fournit une autre preuve de l'influence que les substances légères exercent sur la chute des corps. On sait que les substances de cette nature sont disposées dans l'ordre croissant de leur plénitude, en allant de la surface au centre.

A l'instant où commence la chute d'un corps abandonné dans l'air, sa complémentaire se précipite de son sein dans le vide que sa chute laisse au-dessus de lui ; et les substances légères, qui sont sous lui, pénètrent dans son sein par sa partie inférieure pour y remplacer celles qui s'en échappent par sa partie supérieure ; et il s'établit un courant de substances légères, qui traverse ce corps de bas en haut ; mais la vitesse de la chute du corps tombant est en raison de la facilité avec laquelle le courant le traverse. Or, les substances qui composent le courant partent de profondeurs de plus en plus grandes, et partant elles sont de plus en plus subtiles, et leur passage par le corps tombant est de plus en plus facile ; par conséquent la chute de ce corps est de plus en plus rapide.

De ce que la subtilité des substances légères diminue en allant de bas en haut, et que la résistance qu'elles opposent aux corps tombants, augmente dans l'ordre que leur subtilité diminue, il suit que la pesanteur est moindre au sommet d'une montagne qu'à sa base, et à l'équateur de la terre qu'aux pôles. Et c'est sur cette diminution toujours croissante de la pesanteur de bas en haut que repose le système astronomique actuel.

Ce qui a égaré les auteurs et les partisans de ce système dans leurs recherches cosmologiques, c'est l'ignorance des causes de la pesanteur qui lui sert de base. Il existe néanmoins une analogie parfaite entre la cause qui produit le rapprochement ou l'écartement des molécules qui constituent les corps et celle qui produit le rapprochement ou l'éloignement des globes qui composent le système solaire. En effet, les molécules des corps s'éloignent les unes des autres si la quantité des substances légères qui sont interposées entre elles augmente, elles se rapprochent si elle diminue; il en est de même des corps célestes : ils s'éloignent ou se rapprochent les uns des autres suivant que les substances qui les séparent deviennent plus rares ou plus abondantes (50). Tous les corps de l'univers jouissent de la propriété d'absorber les substances légères des points où elles sont plus abondantes, pour les verser dans ceux où elles sont plus rares. C'est le moyen par lequel la vie s'insinue dans toutes les parties qui les composent.

Dans le vide, les corps tombent tous avec la même vitesse, parce que les substances légères qui y sont étendues comme dans le reste de l'espace les traversent tous avec la même facilité. Dans l'air, les corps tombent avec des vitesses proportionnelles à leur pesanteur, parce que la pesanteur de ce fluide retarde plus la chute des corps qui pèsent moins que celle de ceux qui pèsent plus.

L'ordre de la chute des graves dans l'air nous révèle la manière dont s'est opérée la transformation de la nébuleuse terrestre en planète. Lorsque l'univers, obéissant à la voix de l'Eternel, eut porté, par le jeu du mécanisme qui le constitue, la grande comète au milieu de la couche vide, les substances légères qui étaient étendues dans la couche superficielle de cette nébuleuse l'abandonnèrent pour passer dans le vide extérieur qui était plus grand que dans son sein. Alors les substances pesantes qu'elles y tenaient en dissolution se contractèrent et tombèrent sur le centre de ce vaste corps. Mais ces substances n'étaient pas toutes de même pesanteur, et les vitesses de leurs chutes étaient proportionnelles à leurs pesanteurs respectives. Le courant qui traversait ces corps, allant de bas en haut, se formait aux dépens des substances légères intérieures. Les substances pesantes auxquelles leurs substances légères étaient enlevées se contractèrent à leur tour et s'ajoutèrent à celles qui tombaient de plus haut; mais les plus pesantes, tombant avec plus de vitesse, firent élever au-dessus d'elles toutes celles qui étaient sur leur passage et dont la pesanteur était moindre que la leur. Ainsi, la matière solide fit élever la liquide et l'aérienne au-dessus d'elle, la liquide fit élever l'aérienne, et l'aérienne chassa encore au-dessus d'elle les substances d'une pesanteur moindre que la sienne.

Par ce procédé naturel, toutes les substances de même nature, étendues dans le corps de la nébuleuse, se réunirent dans une même couche, soit qu'elles tombassent d'en haut, ou qu'elles s'élevassent d'en bas; mais les plus pesantes arrivèrent les premières au centre de tous les points environnants et formèrent le noyau du globe, qui se trouva composé ainsi des corps les plus durs qui étaient répandus dans toutes les parties de la nébuleuse, et toutes les autres substances pesantes se disposèrent autour de ce noyau en couches concentriques, dans l'ordre croissant de leur pesanteur (37).

Cette transformation de la nébuleuse terrestre en planète, déterminée par l'état des milieux dans lesquels le jeu du mécanisme de l'univers l'a placée, commençant par la surface et se terminant au centre, ne laisse aucune place à la formation des anneaux auxquels Laplace suppose que les planètes doivent leur origine, et l'hypothèse de ce physicien croule par le fond.

Ceux qui pensent que le soulèvement des montagnes est dû au refroidissement de l'intérieur de la terre tombent dans une autre erreur non moins dangereuse que celle de Laplace.

Quand nous admettrions avec les savants, contrairement à la constitution physique de la planète, que la matière intérieure est maintenue à l'état liquide par la chaleur centrale, il ne serait pas néanmoins possible qu'il s'opérât un retrait de volume intérieur, qui, laissant l'enveloppe extérieure suspendue sur le vide, en produisît la rupture.

Pour qu'un pareil effet se produisît, il faudrait que la chaleur intérieure eût dans la terre un organe spécial de dégagement. Cet organe n'existant pas, la chaleur intérieure n'a d'autre issue que celle que lui offre l'enveloppe extérieure. Or, la cause qui a mis cette enveloppe dans le rapport où elle est actuellement avec la matière intérieure persiste, et tout refroidissement intérieur ne peut être que le résultat d'un refroidissement extérieur; de sorte que le resserrement de l'enveloppe extérieure et de la matière intérieure marchent toujours dans le même rapport, et qu'il ne se peut produire aucun vide intérieur.

S'il ne peut se produire aucun vide dans l'intérieur de

la terre, l'enveloppe ne peut se rider ni se rompre pour livrer passage à la matière intérieure liquide, et les montagnes n'ont pas été soulevées par ce moyen (286).

Cet étrange système de ridement et de rupture de la surface de la terre par le refroidissement intérieur repose sur des exhaussements et des affaissements locaux du sol. L'explication de la cause de ces exhaussements et de ces affaissements suffit pour faire tomber ce système.

Chaque montagne a été soulevée à travers la dépression polaire de l'époque à laquelle elle se rapporte (319).

Les savants qui, malgré la pressante logique des faits, rejettent le déplacement de l'axe de rotation de la terre, sous prétexte qu'ils ne voient rien dans l'univers de nature à le produire, et qui prétendent expliquer la présence aux régions polaires des fossiles de plantes et d'animaux équatoriaux, par la diminution lente et graduelle de la chaleur de la terre, vont être contraints de reconnaître ces déplacements par la découverte des périodes glaciaires dont les blocs erratiques attestent l'existence et l'alternance avec des periodes de température équatoriale.

Ainsi, malgré les ingénieuses hypothèses des esprits les plus subtils, l'étude de la nature ramène forcément les hommes dans les voies de la vérité.

La matière intérieure, que la décentralisation des substances légères dilate, échauffe et fond accidentellement, est précipitée par la chaleur qui la saisit, à travers les couches solides supérieures jusques dans les airs, d'où elle retombe sur le sol.

Mais le sol des régions polaires sur lequel cette matière retombe est couvert de montagnes de glaces, de lacs, de rivières et de vallons qu'elle ensevelit avec des masses d'air, auxquels elle coupe toute communication avec l'atmosphère.

Lorsqu'un courant de substances légères vient à se porter sur ces amas d'eau et d'air emprisonnés, il leur communique une température qui en augmente le volume. Alors, si le sol qui les recouvre s'ouvre par quelque point plus faible que les autres et leur livre passage, ils s'échappent avec violence par cette issue et forment un volcan. Mais si le sol qui les recouvre leur oppose partout une résistance égale et invincible, ils l'ébranlent par secousses. Il s'y forme alors des fissures par lesquelles ils s'échappent, et après leur évacuation, il ne reste plus qu'un terrain crevassé.

Il arrive néanmoins quelquefois que des échancrures produites dans le sol par des courants d'eau les atteignent et leur ouvrent un passage dans l'atmosphère, alors ces amas d'air et d'eau abandonnent paisiblement leurs souterrains qui deviennent des cavernes.

Cependant, en passant de son premier état au second, la terre n'a pas perdu toutes ses substances légères; au contraire, elle en a conservé une quantité bien supérieure à celle qu'elle a encore aujourd'hui.

Dans les premiers âges de sa vie planétaire, la terre devait à l'abondance de ses substances légères un volume égal à celui du soleil, dont elle occupait la place et remplissait les fonctions. Mais chacun des cataclysmes auxquels les planètes sont soumises leur fait perdre une partie de leurs substances légères, et chacune de ces pertes amène un resserrement entre les molécules des substances pesantes, et leur communique une réduction de volume et un accroissement de dureté. La terre doit la petitesse et la dureté où elle est actuellement réduite au nombre des cataclysmes qu'elle a soufferts depuis sa transformation en planète.

Ceux des savants qui se demandent si la terre est arrivée à un état de fixité semblent ignorer que la fixité n'appartient à aucun corps de la nature. Seule, cette essence infinie est immuable : l'Eternel, qui l'a faite à son image, a voulu que tous les êtres qui la composent passassent par les mille états différents de la carrière qu'il leur a donné de parcourir. La terre, du moins, a déjà passé par toutes les phases planétaires qui sont entre elle et le soleil. Elle a été à l'état de Jupiter, de Saturne, de Neptune, d'Uranus et de trente-sept autres planètes qui nous sont inconnues (301). Elle a souffert 84 cataclysmes et l'éruption de 98 chaînes de montagnes.

Mais à chaque éruption nouvelle, la dureté de la terre augmentant, il faut une augmentation de force expansive pour vaincre l'obstacle que la dureté des couches superficielles oppose à l'élargissement de la matière intérieure en fermentation. L'explosion seule pouvant arrêter l'accroissement de l'expansion de la matière, l'obstacle est toujours vaincu, car l'expansivité ne peut cesser de s'accroître tant que l'explosion n'a pas lieu. Or, plus la force expansive s'accroît pour produire l'explosion, plus l'éruption est violente et plus la montagne qu'elle produit est haute. Les géologues ont, en effet, reconnu que les montagnes récentes sont plus hautes que les anciennes. La lune étant plus avancée en âge que la terre doit donc avoir des montagnes relativement plus hautes. C'est ce que les observations astronomiques nous apprennent.

C'est aux époques reculées où la terre encore molle laissait plus de prise à l'action érosive des eaux que se rapporte l'immensité du travail des fleuves et des mers.

A ces mêmes époques, les sucs nourriciers se dégageaient plus facilement de la matière solide, les principes vitaux étaient répandus dans l'atmosphère en plus grande abondance, et la terre nourrissait des plantes et des animaux plus grands que ceux de l'époque actuelle.

Dans la description des quatre âges du monde, Ovide nous donne l'histoire de la terre au point de vue du décroissement graduel de sa fertilité et de l'accroissement correspondant de sa dureté.

Le premier âge, époque à laquelle la terre encore molle était d'une fertilité extraordinaire, est désigné par l'or, qui est le plus ductile et le plus précieux des métaux. Pendant cet âge, l'absence des besoins fait place au règne de l'innocence et de la justice.

Le second âge, époque à laquelle la terre est devenue plus dure et moins fertile, est désigné par l'argent, métal moins ductile et moins précieux que l'or.

Le troisième âge, époque à laquelle la terre est encore plus dure et moins fertile, est désigné par l'airain, qui est encore moins ductile et moins précieux que l'argent.

Enfin, le fer, dont la dureté est proverbiale, désigne le quatrième âge. Arrivée à cette partie de sa vie, la terre a atteint un degré de dureté qui lui a fait perdre la plus grande partie de sa fertilité. Alors les besoins sont nés en foule sous les pas de l'homme. La nécessité l'a poussé aux recherches des moyens de les satisfaire, et la découverte des arts a été le fruit de ses investigations; mais les vices, compagnons inséparables des besoins, se sont débordés et ont envahi le monde.

L'âge d'or a été pour l'homme d'une bien courte durée; créé à la fin de la sixième année planétaire, d'après Moïse (1), il n'a joui de cet heureux état que les deux grandes années qui ont suivi sa création. Pendant ces deux grandes années, la révolution annuelle de la terre était

---

(1) Genèse, ch. 1, v. 26.

de douze à quinze cents ans, et l'homme à l'état de nature suivait la température avec d'autant plus de facilité qu'il n'avait guère que 25 ou 32 degrés à parcourir en six ou sept cents ans. Quoique la longueur des degrés à la surface de la terre fût alors environ douze fois plus grande qu'aujourd'hui, le déplacement qu'il avait à faire pour suivre la température qui lui était favorable se réduisait à peu de chose. C'est cette considération qui a fait dire à Ovide que pendant l'âge d'or le printemps était éternel (1).

Mais à la fin de sa huitième année planétaire, la terre perdit une partie de son volume et reçut dans son atmosphère un cortége satellitaire plus épuisant que celui qu'elle avait. Dans ce nouvel état, elle tomba de la hauteur où elle circulait dans les régions actuellement parcourues par Jupiter. Alors son année devint plus courte, et là comme ici, il fut impossible à l'homme d'en suivre la température. C'est à partir de cette époque que, comme le dit encore Ovide (2), l'homme fut obligé de bâtir des maisons pour se soustraire aux excès de la chaleur et du froid. Il fallut aussi se pourvoir dans un temps pour un autre, au moyen de la culture des champs.

Il y a eu une époque où la vérité, qui est le but de tous nos vœux, l'objet de toutes nos recherches, a été connue sur la terre ; mais, par des motifs que je ne rechercherai pas ici, les philosophes de cette époque reculée l'ont convertie en énigmes et l'ont exposée à la vénération des peuples sous des allégories qu'ils ont su varier de mille manières. Alors elle a pris toutes les formes, elle s'est montrée sous toutes les couleurs. Dans les institutions religieuses, elle a représenté la Divinité, dont elle est la

(1) Livre Ier des Métamorphoses, ch. 3.
(2) Id., id.

fidèle image. Dans la mythologie, elle a servi de type à toutes les aventures fabuleuses. Les poètes en ont fait le sujet de leurs chants, et les artistes l'ont gravée sous des formes symboliques sur tous les monuments publics. Elle a rempli le monde, chacun en a adoré l'image, et personne ne l'a plus reconnue. Saint Jean a donc eu raison de dire qu'elle a lui dans les ténèbres, et que les ténèbres ne l'ont pas comprise (1).

Mais la vérité est une et éternelle; si elle existe dans les ouvrages des anciens, n'importe sous quelle forme, et si mon *Système des Mondes* est vrai, ce système et ces ouvrages doivent s'accorder sur tous les points. C'est ce qu'il s'agit d'examiner.

D'après mon système, les déluges sont périodiques, et ils se produisent chaque fois que tous les membres du système solaire se réunissent dans un point de la couche vide du Nord; ils se reproduisent lorsque ces mêmes membres se réunissent dans un des points de la couche vide du Sud (20 à 22).

D'après un passage de Bérose, le déluge arrivera lorsque toutes les planètes seront réunies dans le signe du Cancer; il se reproduira lorsqu'elles se réuniront dans celui du Capricorne.

L'accord de mon système avec ce passage de l'un des savants de l'antiquité ne peut pas être plus juste.

Cependant, il y a dans le passage de Bérose un fait qui a beaucoup intrigué les savants : c'est la conjonction de toutes les planètes à l'époque du déluge universel et de la conflagration générale. Ces messieurs ont reconnu que cette conjonction ne peut pas se produire sous l'empire des lois astronomiques actuelles. Et cela est vrai, mais

(1) Evangile de saint Jean, ch. 1, v. 5

elle se produit sous celles qui régissent les systèmes solaires aux époques du renouvellement des mondes.

Le rayon perturbateur que la grande comète lance sur les pôles du système solaire embrasse, dans sa périmétrie, toutes les planètes de ce système et les fait tomber dans la direction du nouvel astre. Mais l'intensité de l'action perturbatrice décroît à partir de l'axe de ce rayon jusqu'à sa périphérie, et la chute des planètes s'infléchit vers cet axe. Pendant le temps de cette chute, qui est longue et rapide, les planètes se placent toutes sur la ligne axiale du rayon cométaire et forment l'enfilade décrite par le fameux passage qui nous occupe.

Cependant les explosions des planètes ne sont pas simultanées, mais successives. La planète qui est à la tête de la file fait explosion la première et réagit vers les points les plus vides de l'espace; celle qui la suit saute à son tour et est rejetée vers le point le plus vide qui reste, et ainsi de suite; de telle sorte que toutes les planètes se disposent en cercle autour de l'axe du rayon cométaire. Autour de ce cercle ardent, formé de globes embrasés, les comètes forment des cercles concentriques. Ces jeunes globes, dilatés par la chaleur qui s'exhale de l'intérieur du cercle, qui est composé des planètes en feu, projettent dans l'espace des queues immenses, au moyen desquelles elles se couvrent les unes les autres. Dans cet état, le système solaire a l'apparence des roues décrites par Ezéchiel [1]. Dans cette disposition mystique, les planètes figurent sous le nom d'animaux et les comètes sous celui de chérubins.

Les anciens, inexplicables jusqu'ici, s'expliquent donc bien par mon système des mondes. Or, j'ai fait voir que

(1) Ezéchiel, ch. 1er.

les globes s'usent et se renouvellent par voie de génération et que les systèmes solaires qu'ils composent restent toujours au même état, et que, quoique le monde soit ce qu'il a toujours été et ce qu'il sera toujours, les cieux changent néanmoins d'aspect au passage d'une grande année à l'autre, et voici que David, ce chantre fameux des merveilles de l'Eternel, en résumant l'histoire de l'univers, a résumé mon propre système : « Seigneur, s'écrie le pro- » phète royal, les cieux sont l'ouvrage de vos mains, ils » périront; mais vous subsisterez à tout jamais. Ils vieil- » liront comme un vêtement, vous les changerez comme » un manteau, et ils seront changés (2-3). »

Tous les écrits anciens, sacrés ou profanes, ont été calqués sur le même original, et tous, même ceux qui paraissent les plus bizarres, s'expliquent par mon système. La fable d'OEdipe nous en offre un nouvel exemple.

Un oracle a annoncé qu'OEdipe, fils de Laïus, roi de Thèbes, et de Jocaste, son épouse, tuerait son père et qu'il épouserait sa mère. Pour empêcher ces crimes exécrables, ses parents le vouèrent à la mort, mais un berger le sauva, et l'enfant fut élevé à la cour d'un roi voisin qui l'adopta. Arrivé à un certain âge, OEdipe abandonna la cour de son père adoptif, rencontra Laïus sur les frontières de son royaume et lui disputa le pas. Un combat s'engagea entre Laïus et OEdipe, et le père tomba sous les coups du fils. Les dieux, irrités de ce parricide, envoyèrent aux Thébains le sphinx, monstre affreux qui dévorait ceux qui ne pouvaient pas expliquer l'énigme qu'il leur proposait. Touchée des calamités des Thébains, la

(2) Psaume 101, v. 25, 26, 27.

(3) Tout ce qui est emprunté de la Bible, dans cet ouvrage, est tiré de la traduction de Le Maistre de Sacy.

reine Jocaste s'engagea d'épouser celui qui devinerait l'énigme du monstre. Sur ces entrefaites, OEdipe arrive, découvre le sens de l'énigme et épouse Jocaste, sa mère. Ses crimes se découvrirent dans la suite. Il les reconnut lui-même et s'en punit en se crevant les yeux et se condamnant à une cécité perpétuelle. Tel est le canevas de cette fable célèbre.

Le savant auteur de cette pièce, sachant que l'univers est composé de deux principes, l'espace et la matière, et que la génération des corps célestes est due au concours de ces deux principes, a désigné la matière, ou le principe mâle, par des noms d'hommes : Laïus et OEdipe, et l'espace, ou le principe femelle, par un nom de femme : Jocaste.

La matière, en voie d'organisation, atteint l'apogée de sa grandeur et de sa puissance à l'état de soleil, mais le soleil est le chef du système solaire. *Laïus roi fait donc allusion au soleil.*

Le maximum de la force absorbante de l'espace est dans l'antre polaire, vis-à-vis duquel le soleil est placé (165). *La reine Jocaste fait donc allusion à cet antre.*

Les deux principes contraires, l'espace et la matière, étant en contact au point où ils sont l'un et l'autre au maximum de leurs forces, sont censés être mariés. *Laïus ou le soleil est donc l'époux de Jocaste ou de l'antre polaire.*

Dans la vie des mondes, l'histoire de l'avenir est toujours la répétition de celle du passé (23). L'oracle qui annonce que l'astre OEdipe tuera son père et qu'il épousera sa mère peut donc être certain.

En effet, deux grandes années après que le soleil, sous le nom de Laïus, eut monté sur le trône de l'univers, il en descendit et s'éleva jusqu'aux extrémités du système solaire (289), et à la fin de cette grande année, qui est celle qui a suivi sa déchéance, il tomba dans la direction de la grande comète qui, sous le nom d'Œdipe, arrivait d'un système ou royaume étranger pour s'emparer du trône. Cette rencontre eut pour résultat les explosions polaires du soleil détrôné sous le nom de Laïus. Et ces explosions ont été si fortes qu'elles ont réduit le volume de ce globe à une très-petite fraction de ce qu'il était. Occasionnées par la grande comète Œdipe, ces explosions font allusion au coup mortel qu'Œdipe a porté à Laïus. Le globe Laïus ne rentre pas dans son système solaire, il devient la plus grande planète du système où il a fait ses dernières explosions (301). *De là sa mort et sa disparition.*

Cependant toutes les planètes répandues dans l'univers ont été engendrées par autant de soleils détrônés, de l'âge de Laïus, c'est-à-dire par des globes à la quatrième grande année de leur vie planétaire (281). Tous les globes de même âge sont égaux entre eux (273). Ainsi, la grande comète Œdipe a été engendrée par un globe Laïus, et c'est à un globe Laïus que dans le renouvellement des mondes elle a porté un coup mortel. *Œdipe a donc tué son père.*

Les opérations du renouvellement des mondes dévoilent les mystères les plus secrets de la nature. La grande comète Œdipe, qui préside à ces opérations, explique donc l'énigme du Sphinx. Ce globe est donc digne de monter sur le trône et d'épouser l'antre polaire sous le nom de Jocaste.

Mais tous les systèmes solaires de même classe sont égaux entre eux (164). Ils sont tous dans les mêmes dispositions relatives; les antres polaires qu'ils forment sont toutes égales et elles se rattachent toutes, par les mêmes rapports, aux soleils vis à-vis desquels elles sont placées.

Par conséquent, la grande comète OEdipe, devenue soleil, est avec l'antre polaire Jocaste dans le même rapport que le soleil Laïus a été. *OEdipe épouse donc sa mère.*

L'ordre se rétablit dans le monde par l'intronisation de la grande comète OEdipe, et les calamités qui ravageaient la terre pendant les opérations du renouvellement cessent lorsque ce nouvel astre monte sur le trône de l'univers.

Cependant, le règne de la grande comète OEdipe, devenue soleil, ne se prolonge pas au-delà de deux grandes années (281). Au bout de ce temps, elle devient le globe générateur, les explosions auxquelles ce globe est soumis lui crèvent pour ainsi dire les yeux. L'éclat dont il était environné l'abandonne et il devient aveugle. Ainsi, criminel par le destin, OEdipe en est aussi le martyr.

Passons maintenant au premier chapitre de la Genèse De tous les ouvrages des anciens, ce chapitre est, je crois, le seul qui ait reçu un commencement d'appréciation.

GENÈSE.

OUVRAGE DU PREMIER JOUR.

« 1. Au commencement, Dieu créa le ciel et la terre.

» 2. La terre était informe et toute nue, les ténèbres » couvraient la face de l'abîme, et l'esprit de Dieu était » porté sur les eaux.

» 3. Or, Dieu dit : Que la lumière soit faite, et la lumière » fut faite.

» 4. Dieu vit que la lumière était bonne et sépara la » lumière d'avec les ténèbres.

» 5. Il donna à la lumière le nom de jour et aux ténè» bres le nom de nuit, et du soir et du matin se fit le » premier jour. »

Engendrée par le soleil détrôné de l'époque à laquelle l'origine de la terre se rapporte, cette planète, au commencement, n'était qu'une vaste nébuleuse cométaire, qui possédait bien tous les éléments convenables à sa future destination, mais ces éléments étaient mélangés et confondus sans aucun ordre (209).

Or, la planète est composée de deux parties distinctes : d'un côté c'est le noyau solide, désigné sous le nom de terre, de l'autre c'est l'atmosphère qui l'enveloppe, désignée sous le nom de ciel, et quoique, à l'origine du globe, ces deux parties fussent confondues, il n'en est pas moins vrai qu'elles ont été engendrées ensemble, et Moïse a eu raison de dire :

« Qu'au commencement Dieu créa le ciel et la terre. »

Cependant, au moyen du mélange des substances de nature différente, la dilatation portait la matière qui occupait le centre de la nébuleuse aux plus grandes extrémités superficielles d'où la condensation la ramenait au centre (226); en sorte que ce corps immense changeait perpétuellement de forme. La matière solide, raréfiée et étendue dans tout le corps, n'était pas entourée de cette enveloppe gazeuse que nous appelons atmosphère, et qui est une espèce de vêtement pour les globes.

« La terre était donc informe et nue. »

Mais la matière solide est seule visible, et la lumière se produit sur toute la profondeur d'un globe où cette matière est étendue dans la matière gazeuse, et la surface du corps reste dans l'obscurité (214).

« Les ténèbres couvraient donc la face de l'abîme. »

Le courant des substances légères qui, en passant par le centre des planètes, leur imprime le mouvement et la vie, chez les comètes s'écoule d'un hémisphère dans l'autre, en rasant leur surface (214).

L'esprit de Dieu était donc porté sur les eaux.

Cependant la terre était arrivée à l'apogée de son accroissement, et devenue grande comète, elle a subi les modifications que subissent les globes de cet âge. Les substances de nature différente se sont triées et disposées en couches concentriques dans l'ordre croissant de leur pesanteur pour les unes et dans l'ordre croissant de leur légéreté pour les autres. Et les rayons stellaires, refoulant à la surface du sol le calorique répandu dans son atmosphère, y ont produit la lumière. Alors un grand éclat a environné le globe de toutes parts.

« Et la lumière a été faite. »

Mais la lumière dont la terre fut environnée à cette époque était la même que celle qui brille aujourd'hui sur le soleil. Elle répandait la vie et la fécondité dans l'univers. De là ces expressions élogieuses :

« Dieu vit que la lumière était bonne. »

Cependant, avant cette époque, la lumière qui sur le soleil se réalise toute à la surface du sol, tandis que les parties intérieures et extérieures restent ensevelies dans les ténèbres, se produisait dans toute la profondeur du corps ; de là :

« La séparation de la lumière d'avec les ténèbres. »

Sur les soleils, la lumière brille sans interruption depuis le commencement de la grande année jusqu'à la fin, et les ténèbres enveloppent cet astre pendant la période de troubles.

Ainsi, la première période de troubles de la terre a reçu le nom de nuit, et la grande année qui l'a suivie a reçu celui de jour.

« Et de l'obscurité de l'une et de la clarté de l'autre a » été fait le premier jour. »

OUVRAGE DU SECOND JOUR.

« 6. Dieu dit aussi : Que le firmament soit fait au milieu

» des eaux, et qu'il sépare les eaux d'avec les eaux.
» 7. Dieu fit le firmament, et il sépara les eaux qui
» étaient sous le firmament de celles qui étaient au-des-
» sus du firmament, et cela se fit ainsi.
» 8. Et Dieu donna au firmament le nom de ciel, et
» du soir et du matin se fit le second jour. »

L'ouvrage du second jour n'est que la continuation d'une partie de celui du premier. Le triage des substances de nature différente s'est bien opéré pendant la première période de troubles, et ces substances se sont bien disposées en couches concentriques dans l'ordre de leur nature; mais ce triage n'était pas parfait, et chaque couche contenait encore une certaine quantité de substances appartenant aux couches immédiatement supérieures ou inférieures. La couche de liquide surtout était encore en partie suspendue dans l'atmosphère à l'état de vapeur.

Les explosions de cette période planétaire ont fait perdre à la terre une grande quantité de substances légères, et les substances pesantes qu'elles dilataient ont subi un refroidissement qui les a resserrées, et le globe a diminué de volume. Les eaux que la température tenait encore en suspension dans les basses couches de l'atmosphère se sont condensées et sont tombées à la surface du sol.

Ainsi l'air, qui par sa couleur forme à nos yeux cette voûte azurée que Moïse désigne sous le nom de ciel, dégagé des vapeurs aqueuses qui l'entretenaient dans un état nébuleux permanent, s'est trouvé placé entre la couche qui alors couvrait encore toute la terre et les eaux qui étaient restées suspendues à l'état gazeux dans les hautes couches de l'atmosphère. De là :

« La séparation des eaux d'avec les eaux et la création
» du firmament au milieu des eaux. »

Mais l'atmosphère est le fondement de la terre : c'est

la base sur laquelle ce globe repose. Or, l'atmosphère, devenue plus limpide par la précipitation d'une partie des vapeurs dont elle était surchargée, a reçu le nom de ciel, et l'ouvrage du second jour planétaire s'est terminé par là. D'où :

« Dieu donna au firmament le nom de ciel, et du soir
» et du matin se fit le second jour. »

Ce sont là les deux premières grandes années que la terre a passées en qualité de soleil de première et de deuxième classe. Les explosions de la troisième période de troubles ouvrent sa carrière planétaire proprement dite.

OUVRAGE DU TROISIÈME JOUR.

« 9. Dieu dit encore : Que les eaux qui sont sous le ciel
» se rassemblent en un seul lieu, et que l'élément aride
» paraisse. Et cela se fit ainsi.
» 10. Dieu donna à l'élément aride le nom de terre, et
» il appela mer les eaux rassemblées, et il vit que cela
» était bon.
» 11. Dieu dit encore : Que la terre produise de l'herbe
» verte qui porte de la graine, et des arbres fruitiers qui
» portent du fruit chacun selon son espèce, et qui renfer-
» ment leur semence en eux-mêmes pour se reproduire
» sur la terre, et cela se fit ainsi.
» 12. La terre produisit donc de l'herbe verte qui por-
» tait de la graine selon son espèce, et des arbres fruitiers
» qui renfermaient leur semence en eux-mêmes, chacun
» selon son espèce. Et Dieu vit que cela était bon.
» 13. Et du soir et du matin se fit le troisième jour. »

A sa troisième période de troubles, la terre avait déjà acquis une certaine dureté. La résistance que la couche superficielle opposait à l'élargissement de la matière intérieure en fermentation s'était augmentée. L'obstacle superficiel, devenu plus grand, tint le soulèvement du sol confiné dans une moindre étendue de la dépression polaire, et la matière jaillissant avec plus de force produisit une montagne plus haute.

Du premier de ces faits, nous concluons que toute la dépression polaire ne se releva pas à cette époque, et que par le changement de position de l'axe de la terre cette partie déprimée devint inter-tropicale, et que les eaux s'y précipitèrent de tous les points de l'hémisphère au milieu duquel elle était située (319). D'où l'exécution du premier ordre :

« Que les eaux qui sont sous le ciel se rassemblent en » un seul lieu. »

Du second de ces faits nous concluons que le soulèvement a porté la matière solide au-dessus du niveau de la couche liquide, et que le premier des continents que la terre a eus a été formé. D'où l'exécution du second ordre :

« Que l'élément aride paraisse. »

Pendant plusieurs millions d'années la terre ne fut qu'un amas nébuleux, errant dans l'univers, sans forme permanente, ni consistance définitive, chassée de système en système par les explosions planétaires. Ayant ensuite reçu de l'Eternel une organisation plus parfaite, elle siégea sur le trône du monde comme une grande reine, revêtue d'une puissance immense et enveloppée d'un manteau de lumière au moyen duquel elle répandait la vie et la fécondité à la surface des planètes qui étaient dans son empire ; mais tandis qu'elle gouvernait l'univers et qu'elle entretenait la parure qui embellissait la surface des corps célestes, elle était elle-même dépourvue de tout ornement. Sa surface unie ne présentait partout que l'aspect uniforme d'une plaine liquide, dénuée de toute espèce d'habitants. Ce n'était que l'image du silence et de la mort.

En compensation du trône de l'univers qu'il lui ôtait, l'Éternel la revêtit des plus magnifiques ornements. De sa main puissante, il fit surgir du fond des mers deux vastes continents; du flanc des montagnes, il fit jaillir des sources abondantes qui se répandirent dans la plaine et y entretinrent une agréable fraîcheur. Cependant la terre attendait de nouveaux ornements, les plantes ne devaient pas tarder d'en prendre possession et d'en faire un superbe jardin. De là cette formule élogieuse qui a déjà suivi la formation de la lumière :

« Dieu vit que cela était bon. »

Cependant l'Éternel a voulu que les complémentaires de toutes les productions végétales et animales des planètes d'un système solaire pénétrassent dans l'intérieur d'un soleil de deuxième classe, et qu'elles y reproduisissent ces êtres avec toutes leurs qualités, comme elles les reproduisent dans l'organe sentimentaliseur des animaux, c'est-à-dire qu'il a conféré au soleil, par rapport aux membres qui composent un système solaire, les mêmes fonctions qu'à l'organe sentimentaliseur chez les animaux.

La terre, lorsqu'elle était soleil, a donc reçu dans son sein les âmes des plantes et des animaux de toutes les planètes d'un système solaire. Devenue planète elle-même, elle les reporte sur le théâtre de la vie active dans l'ordre décroissant de leur volume et dans l'ordre croissant de leurs perfections.

Dans l'intérieur des planètes, les âmes sont volatilisées par les substances légères qui y sont répandues. Les plus parfaites sont celles qui descendent le plus bas dans cette échelle des êtres. Aussi l'être le plus parfait, l'homme, est-il le dernier de la création, d'après les cosmogonies de Moïse, d'Ovide et des Persans.

Les âmes des plantes qui ressuscitent sont celles qui sont dans la partie intérieure de la planète, où l'action de la grande comète excite l'explosion. En s'élargissant, la matière intérieure emporte ces âmes dans l'espace, ainsi que toutes celles qui sont sur son passage. A mesure que ces âmes s'élèvent, les substances légères qui les volatilisaient les abandonnent. Peu à peu les molécules pesantes dont elles sont composées se resserrent. La condensation leur rend insensiblement leur consistance primitive. Bientôt la pesanteur les gagne, et elles retombent lentement sur la terre. Dans leur chute, les racines sont en bas, comme étant leur partie la plus pesante. Lorsqu'elles atteignent la surface de la terre, le sol est encore ramolli par la chaleur, des pluies longues et abondantes l'ont délayé, et il est réduit en une espèce de boue tiède et assez claire pour que les racines des plantes puissent s'y enfoncer et en être recouvertes.

C'est ainsi que les plantes ont été créées avant d'avoir poussé de la terre (1), et qu'elles sont nées sans semence (2), et que des terres nouvelles couvertes de verdure sortent du sein des mers (Lawalla).

Les âmes des plantes ayant été produites par leurs complémentaires sont parfaites. Elles possèdent en elles-mêmes leur semence pour se multiplier et se reproduire chacune selon son espèce. De là cet autre ordre :

« Que la terre produise de l'herbe verte qui porte de la
» graine, et des arbres fruitiers qui portent du fruit cha-
» cun selon son espèce, et qui renferment leur semence
» en eux-mêmes pour se reproduire sur la terre. »

Implantées dans toutes les conditions exigées par leur genre de vie, ces plantes étaient aptes à en remplir les fonctions. De là l'effet de l'ordre précédent.

« La terre produisit de l'herbe verte qui portait de la

(1) Genèse, ch. 2, v. 5.

(2) Ovide, Métamorphoses, livre 1er, ch. 5.

» graine selon son espèce, et des arbres fruitiers qui ren-
» fermaient leur semence en eux-mêmes chacun selon
» son espèce. »

Cette création, qui vient de jeter sur la terre un manteau de verdure, n'est que le prélude d'une création plus sublime encore : celle des animaux, à laquelle les explosions de la quatrième période de troubles préparent la voie par la réduction de volume qu'elles font subir à la planète. En effet, les animaux étant des êtres plus parfaits que les plantes, leurs âmes sont plus profondes dans la planète que celle de ces dernières, et l'action perturbatrice de la grande comète ne peut les atteindre et les en retirer que lorsque les couches qui composent la planète se sont déjà fortement déprimées.

Mais la préexistence des plantes avec leurs vertus reproductives est une condition essentielle de la vie des animaux. C'est cette considération qui a ramené à la suite du 12me verset la formule élogieuse :

« Dieu vit que cela était bon. »

Il ne faudrait cependant pas s'imaginer que la création des plantes fût terminée au troisième jour planétaire, ou que celle des animaux ne se prolongeât pas au-delà des cinquième et sixième jours. A chaque période de troubles et jusqu'à la dernière, la terre produit des plantes et des animaux, avec cette différence néanmoins que ses productions sont toujours de plus en plus parfaites, tant dans le règne végétal que dans le règne animal.

La résurrection des êtres que les découvertes géologiques mettent aujourd'hui hors de contestation, a été connue dès la plus haute antiquité. Job l'affirme en termes formels (1); on la trouve établie dans les Evangiles (2), les

(1) Job, ch. 19, v. 25.

(2) Luc, ch. 12, v. 23 *et suiv.*

apôtres l'ont enseignée (1), l'Eglise en a fait un article de foi (2). Jésus-Christ retire des lieux inférieurs de la terre les âmes de ceux qui étaient morts avant son avènement. Platon voit sortir par une des ouvertures de la terre des âmes couvertes d'ordure et de poussière (3). Aristote enseigne que l'univers a toujours existé, que les êtres qui animent et embellissent ce monde n'ont point eu de commencement et qu'ils ne doivent point avoir de fin (4). Virgile fait du séjour des âmes dans l'intérieur de la planète et de leur retour sur le théâtre de la vie active une description qui ne laisse rien à désirer (5).

Les anciens ont connu l'histoire des mondes dans toutes ses parties, et ils nous l'ont transmise par des allégories qui s'expliquent lorsqu'on s'est fait une idée exacte du système des mondes ; mais par malheur il se trouve, de nos jours, des écrivains qui les dénaturent sous prétexte de ranimer la foi qui s'éteint. Ceux-là s'instituent spirites. Ils disent que « les âmes de ceux qui ont vécu dans ce » monde passent dans des planètes qui sont en rapport » avec leurs mérites, où elles continuent de s'instruire. » Elles se plaisent, disent-ils, à communiquer le fruit de » leurs études aux habitants de ce monde par les *médiums*, » à l'appel desquels elles se rendent de tous les points de » l'univers. » Les insensés ! ils ne savent pas que, devenues habitantes d'un monde nouveau, les âmes ne reviennent jamais dans celui qu'elles ont une fois quitté.

Ces prétendus inspirés s'imaginent prouver la divinité de leur mission par la transmission de la pensée, mais la

---

(1) Paul, Epître aux Corinthiens, ch. 15.
(2) Symbole des apôtres, art. 11.
(3) Platon, Livre des lois, tradition de Her.
(4) Cosmogonie de Marcel de Serres.
(5) Enéide, livre 6e.

transmission de la pensée n'a rien de surnaturel. C'est le moyen par lequel nous faisons connaître nos besoins à nos semblables, et que nous leur faisons partager nos sentiments. Le somnambulisme artificiel n'est rien que cette qualité développée à l'excès. Le fluide qui anime le serpent la développe de cette manière dans l'oiseau que le regard convoiteur du reptile fait tomber dans le vertige. C'est aussi le fluide qui anime le loup qui frappe le cheval d'épouvante.

L'ignorance dans laquelle les spirites sont de la nature de l'âme, qu'ils confondent avec l'intelligence, est la source des erreurs dans lesquelles ils tombent sur la vie future des habitants de la terre. L'intelligence n'est pas un être comme ils le supposent, mais une qualité de l'être : ses perfections dépendent de la forme des corps. Elle croît, se développe et s'évanouit avec la vie ; l'âme, au contraire, est un être parfait, dont nos organes deviennent les organes, et dont notre intelligence devient l'intelligence. Elle se porte en dehors de nous avec toutes nos qualités et nos défauts, nos vices et nos vertus ; elle est un autre nous-même, et c'est en elle que nous revivons dans un autre monde. Elle est la somme de toutes nos manières d'être depuis la naissance jusqu'à la mort. C'est sur son état, qui est le nôtre, que se détermine le sort qui nous attend.

Mais tandis que les spirites font des efforts pour ressusciter la Chimère et faire naître le fanatisme dans le cœur des gens simples, voilà que les sceptiques, prétendant émanciper l'homme en dégageant l'esprit de ses entraves, traitent de fables les institutions religieuses qui nous viennent des anciens, nient les miracles qui leur servent de base, rejettent la divinité du Christ, et, ignorant les lois que l'Eternel a établies pour la conservation de l'immuabilité de ses ouvrages, rapportent l'origine des êtres au hasard et leur donnent le néant pour tombeau. Qu'ils auraient d'autres sentiments, si, connaissant le système des mondes, ils le rapprochaient soigneusement des allégories des anciens! Mais ils n'ont pas étudié Dieu dans ses ouvrages, et c'est le seul moyen par lequel on peut le connaître (1). Hâtons-nous donc d'aborder le quatrième jour de la création, de Moïse.

OUVRAGE DU QUATRIÈME JOUR.

« 14. Dieu dit aussi que des grands corps de lumière
» soient faits dans le firmament du ciel, afin qu'ils sépa-
» rent le jour d'avec la nuit et qu'ils servent de signes
» pour marquer les temps et les saisons, les jours et les
» années.

» 15. Qu'ils luisent dans le firmament du ciel et qu'ils
» éclairent la terre; et cela se fit aussi.

» 16. Dieu fit donc deux grands corps de lumière, l'un
» plus grand pour présider au jour et l'autre moindre pour
» présider à la nuit : il fit aussi les étoiles;

» 17. Et il les mit dans le firmament du ciel pour luire
» sur la terre;

» 18. Pour présider au jour et à la nuit, et pour sépa-
» rer la lumière d'avec les ténèbres. Et Dieu vit que cela
» était bon.

» 19. Et du soir et du matin se fit le quatrième jour. »

En descendant du trône de l'univers, la terre avec un volume peu inférieur à celui du soleil, n'étant escortée d'aucun satellite, s'est presque élevée à l'extrémité du rayon équatorial du système solaire, et a contracté un renflement énorme. Les explosions qui ont suivi la grande année de sa déchéance sont celles qui ont eu lieu à sa quatrième période de troubles. Or, la matière qui jaillit de

(1) *Cœli enarrant gloriam Dei*; ps. 28.

la première des explosions qui ont eu lieu à cet âge de la planète est si abondante qu'elle pénètre dans l'antre polaire, qui est le lieu destiné à la formation des corps célestes et qui figure dans la fable d'Œdipe sous le nom de Jocaste. Cette matière s'agglomère dans cette partie de l'espace et y devient le germe du globe destiné à remplacer, sur la scène du monde, la planète qui le produit, et à y jouer, dans son temps, le même rôle que cette planète y a joué elle-même. Toutes les autres explosions ne produisent que des nébuleuses cométaires destinées à servir de pâture aux grandes comètes à la fin de chaque grande année.

Mais chaque planète, à sa quatrième période de troubles, engendre le globe destiné à la remplacer, et tous les globes répandus dans l'univers doivent leur origine à des planètes de cet âge. Voilà pourquoi Moïse a placé la création des corps célestes au quatrième jour.

Mais l'Eternel a voulu que le monde ne se renouvelât, de cataclysme en cataclysme, que par petites fractions. De là vient que l'auteur de la Genèse, au lieu d'ordonner la création générale des corps célestes, n'en ordonne qu'une restreinte.

« Que des corps de lumière soient faits dans le firmament » du ciel. »

Quoique la terre, à l'état de soleil, fît, comme cet astre le fait aujourd'hui, une révolution autour de son axe en vingt-cinq jours et demi, la lumière restait néanmoins toujours uniformément répartie sur chaque point de sa surface, et aucune nuance n'y distinguait le jour de la nuit. Mais, devenue planète, sa lumière se répartit inégalement entre ses deux hémisphères. De là :

« Afin qu'ils séparent le jour de la nuit. »

Les globes célestes répandus dans les vastes profondeurs

de l'espace, sont des points de repère au moyen desquels on peut reconnaître les mouvements qui, pendant une grande année, portent les systèmes solaires d'une couche vide vers l'autre (17) et les reportent de cette dernière vers la première. Le temps de ce double mouvement forme l'année parfaite des anciens. Moïse a désigné ces périodes sous le nom de *temps*.

Les mouvements translatifs de la terre qui la mènent chaque année aux deux solstices ayant une grande analogie avec ceux des systèmes solaires qui produisent deux déluges universels à chaque année parfaite, l'auteur lie ces deux unités de temps par la conjonction *et*.

La durée du jour pouvant être marquée par les mêmes astres que celle de l'année, il lie par la même conjonction ces deux autres unités de temps.

« Qu'ils servent de signes pour marquer les temps et les » saisons, les jours et les années. »

Cependant la terre n'a pas toujours été escortée de la lune. Avant cette époque, principale ou satellite, elle n'a jamais été plus près du soleil que Jupiter ne l'est aujourd'hui, et si l'on en excepte sa troisième année planétaire, elle n'a jamais été de cet astre à une distance plus grande de deux billions de myriamètres.

Chez les planètes qui sont à la surface ou dans l'intérieur de l'atmosphère du soleil, la lumière se produit toute à la surface de l'hémisphère qui regarde cet astre ; mais elle diminue au contraire dans cet hémisphère, et elle augmente dans l'hémisphère opposé, dans la proportion de la distance où elles sont de cette atmosphère (249 *et suivants*.)

Or, la terre, avant sa jonction avec la lune, n'a jamais été assez près ni assez loin du soleil pour que la lumière fût assez faible dans l'un de ses hémisphères pour laisser voir les étoiles ; mais lorsque cette planète eut été entraînée par la lune dans le voisinage du soleil (58 *et suivants*), la lumière lui vint directement de cet astre. A partir de ce moment le soleil présida au jour, et la lune à la nuit; et la nuit devint assez obscure pour laisser voir les étoiles. De là l'ouvrage suivant :

« Dieu fit donc deux grands corps de lumière, l'un plus » grand pour présider au jour, et l'autre moindre pour » présider à la nuit. Il fit aussi les étoiles. »

Pour nous apprendre l'époque intéressante de la jonction de la lune à la terre, Moïse a placé une énigme chronologique dans sa grande énigme cosmogonique. La clef de cette autre énigme est au 16e verset que nous venons de reproduire, juste au milieu du récit de l'ouvrage du quatrième jour.

Treize versets sont employés à la description de l'ouvrage des trois premiers jours. Ces 13 versets multiplient les 3 jours qu'ils embrassent. Leur produit 39 exprime des unités de temps dont la valeur se détermine par la nature des objets auxquels elles s'appliquent. Or, ces unités de temps s'appliquent à la création des corps célestes, et les systèmes solaires n'engendrent de globes viables que de deux grandes années en deux grandes années (277). Par conséquent, chacune des 39 unités dont il est ici question vaut une année parfaite, ou deux grandes années.

Les deux versets qui commencent l'ouvrage du quatrième jour, plus haut que le 16e verset, mais plus bas que les 13 qui les précèdent, ne s'ajoutent au produit que pour leur valeur absolue et le portent à **41**.

C'est donc au commencement de sa 42e année parfaite que la terre a reçu la lune pour compagne.

Mais l'énonciation des faits du 16e verset s'étend deux versets plus bas, par des explications dont l'objet est de faire connaître la durée de ce nouvel état de choses. En effet, tant que la lune restera unie à la terre, les corps célestes luiront directement sur cette dernière. D'où :

« Et il les mit dans le firmament pour luire sur la terre. »

Aussi longtemps que cette union persistera, l'éclairage de la terre sera dû à l'action du soleil, de la lune et des étoiles. De là :

« Et pour présider au jour et à la nuit. »

Cependant les deux versets qui suivent le 16e verset ne valent que des unités moitié moindres que celles que représentent les deux versets qui le précèdent. En conséquence, après le déluge prochain, l'union de ces deux planètes ne durera plus que deux grandes années.

Mais, avant cette séparation, la terre passera par l'état de Vénus et elle entrera dans l'atmosphère du soleil. Là ses jours seront très-brillants et ses nuits très-obscures. Cette circonstance a amené la répétition d'un fait qui avait déjà paru au premier jour :

« Et pour séparer la lumière d'avec les ténèbres. »

Pendant que la terre est retenue par la lune dans le voisinage du soleil, elle ne contracte qu'un faible renflement équatorial. Dans cette situation, la chaleur se distribue de l'équateur aux pôles avec plus d'égalité. C'est l'état le plus favorable possible au développement de l'espèce humaine. De là le retour de la formule élogieuse :

« Dieu vit que cela était bon. »

Cependant après le 16e verset, qui marque l'âge de la terre, il y a encore dans le premier chapitre de la Genèse 15 versets et 2 jours. Ces 15 versets multipliés par les 2 jours qu'ils embrassent font 30. Ce sont 30 années parfaites qui restent à la terre. Ces 30 années jointes aux 42 qui seront révolues à la fin de la grande année courante, donnent 72 années parfaites à la vie planétaire de la terre.

J'ai fait voir dans mon *Système des mondes* (164) qu'il

y a deux classes de systèmes solaires. Nous verrons dans le cours de cet ouvrage, que ceux de la première classe ont 72 planètes, y compris les satellites, et que ceux de la deuxième en ont 70 ; et déjà Platon nous apprend ce fait dans son *Livre des Lois*, où il fixe la population de sa république au nombre invariable de 5,040 habitants (1).

En effet, 5,040 est le produit de 72 par 70. C'est en l'honneur des 70 planètes du système de la deuxième classe que le médiateur de l'ancienne loi a établi 70 sénateurs, et c'est en l'honneur des 72 planètes du système de la première que le médiateur de la loi nouvelle a eu 72 disciples.

Mais les deux systèmes solaires qui, au renouvellement des mondes, tombent sous l'empire de la grande comète sont l'un de la première classe, l'autre de la deuxième.

Ces deux systèmes ont ensemble 142 planètes et 2 soleils, en tout 144 membres planétaires. C'est à ces membres, les plus âgés de ceux qui composent les systèmes solaires, que font allusion les 144,000 vieillards de l'Apocalypse (2). Les trois zéros mis à la suite de ce nombre ont pour objet de nous apprendre que les deux systèmes comprennent ensemble 1,000 globes viables.

J'ai aussi fait voir dans mon *Système des mondes* que le temps de la grande année ne peut guère être moindre de 4,500 ans. Je ferai voir dans un ouvrage qui sera publié plus tard que les anciens s'accordent à attribuer 4,500 ans à cette période.

Or, s'il y a 72 planètes dans le système de première classe, ce système a 73 membres planétaires, y compris son soleil.

(1) Platon, *Livre des Lois*.

(2) Chap. 14, v. 1.

Si le temps de la grande année est de 4,500 ans, celui de l'année parfaite est de 9,000 ans.

Il reste donc à la terre 73 années parfaites de vie, depuis son passage de l'état cométaire au solaire.

Or, 73 années parfaites, à raison de 9,000 ans chacune, font 657,000 ans. C'est le temps que quelques anciens attribuent à la grande année. (Voir l'*Annuaire du Bureau des longitudes*, année 1851.)

On lit dans un ouvrage de Frédéric Klée, sur le déluge, pages 302 et 303, que les Indiens supposent, d'après leurs livres sacrés, quatre âges au monde, dont la durée totale est de 4,320,000 ans. La première période, nommée l'âge d'or ou d'innocence, en comprend 1,728,000, la deuxième ou celui d'argent 1,296,000, la troisième ou celui d'airain 864,000, la quatrième ou celui de fer, 432,000.

Quoique l'auteur de cette énigme divise la vie du monde en quatre âges, comme Ovide, et sous la dénomination des mêmes métaux, il nous donne néanmoins une leçon particulière sur l'histoire de l'univers, il en est de même de Daniel qui sous la dénomination des mêmes métaux, divise aussi la vie de la terre en quatre royaumes consécutifs (1).

En effet, la statue du songe de Nabuchodonosor, dont la grandeur était extraordinaire et le regard effroyable, fait allusion à un système solaire en voie de renouvellement.

Le roi qui est la tête de la statue, et duquel la puissance n'a pas de limites, est le soleil qui est le chef du système solaire et dont l'empire s'étend sur tout ce qui existe.

Dans le principe, les métaux sont disséminés dans les couches de la matière solide, en grains de poussière imperceptibles, et le feu qui s'allume à la fin de chaque grande année, au sein de la planète, les en dégage par la

(1) Daniel, ch 2.

fusion qu'il leur occasionne. L'explosion qui suit les éparpille au sein de la montagne ou à sa surface, purs ou mélangés de matières étrangères.

Il n'est question dans les allégories qui nous occupent que des quatre métaux que leur utilité place au premier rang, et puisque à chaque cataclysme nouveau, l'éruption de la montagne exige une chaleur plus forte, l'apparition des métaux sur la terre a lieu dans l'ordre de leur fusibilité. L'or étant le plus fusible des quatre est donc celui qui s'est montré le premier sur la terre, et la partie de ce métal qui a coulé le plus facilement est aussi celle que la terre a produite à l'état de soleil. C'est ce qui explique la pureté du métal dont la tête de la statue était composée.

Mais entre la tête de la statue qui est d'un or très-pur, et la poitrine avec les bras qui ne sont que d'argent, il y a le cou et les épaules dont il n'est pas parlé. Ces parties du système solaire sont occupées par les deux planètes comprises entre le soleil et Jupiter. La seconde en volume et la première en distance de ces deux planètes, est celle sur laquelle l'homme coule des jours exempts de soucis. C'est son royaume ou son âge d'or.

Le royaume d'argent qui suit est moindre que celui qui précède, parce que la dureté de la terre a augmenté et qu'elle a perdu une partie de son volume et de sa fertilité; d'ailleurs son année est devenue plus courte; et le sentiment de la conservation et du bien-être a imposé aux hommes des labeurs dont jusque-là ils avaient été exempts.

Cependant la dureté de la terre ayant augmenté, il a fallu une chaleur intérieure plus grande pour déterminer l'éruption de la montagne; et, à la faveur de cette augmentation de chaleur, l'argent a commencé à couler, et à être rejeté des entrailles de la planète en plus grande abondance que l'or.

L'airain succède à l'argent par le même moyen que l'argent a succédé à l'or, et cet autre métal donne son nom à la partie de la vie de la planète pendant laquelle son abondance a prédominé.

Placé en esprit à l'époque où la terre était encore soleil, Daniel fait passer devant nos yeux le tableau prophétique tant des événements passés, que de ceux qui doivent s'accomplir dans la suite des âges.

« Le royaume d'airain, dit-il, commandera à toute la » terre. » En effet, la terre, à cet âge, était déjà épuisée, et ne pouvait plus fournir aux hommes les aliments dont ils avaient besoin. L'agriculture leur est venue en aide. L'airain a servi à la fabrication des instruments aratoires, et c'est par l'usage qu'on en a fait que ce métal a commandé à la terre, et l'a forcée de produire des plantes et des animaux qui n'étaient pas de son choix.

La même cause qui a amené l'airain à la suite de l'argent, amène le fer à la suite de l'airain. Ce métal donne son nom à la dernière partie de la vie de la planète. « Le qua» trième royaume, dit Daniel, sera comme le fer, il bri» sera et réduira tout en poudre. »

Depuis le royaume d'airain la dureté de la terre a encore augmenté, et maintenant ce n'est plus qu'en la brisant, en la réduisant en poudre qu'on en peut tirer des produits satisfaisants; et le fer fournit les instruments au moyen desquels on obtient ces heureux résultats.

On ne peut pas douter que ces métaux ne soient entrés, chacun à leur époque, dans la fabrication des armes dont les hommes se sont servis pour repousser les bêtes féroces loin de leurs habitations. Et plût à Dieu qu'ils ne s'en fussent jamais servis que contre des ennemis de cette nature! Mais les Alexandres veulent subjuguer la terre; les Césars veulent asservir le monde; le Moscovite veut tenir le Polonais sous son joug; le Tudesque veut régner sur l'Italie. Au contact des chaînes dont on les charge, les peuples frémissent et s'agitent, la guerre s'allume; et ces métaux si utiles font néanmoins couler bien du sang. Ambition, passion funeste, que tu causes de maux dans le monde!

Cependant, une pierre détachée de la montagne frappe la statue dans ses pieds de fer et d'argile et la met en pièces, mais cette pierre devient une montagne qui couvre toute la terre.

L'époque à laquelle la surface de la terre ne sera plus qu'une montagne continue, nous est donnée par l'allégorie dont nous faisons l'étude. Au 1er verset du chapitre qui la contient est la seconde année du roi ou soleil; et l'époque où tous les principes dilatables comme l'or, l'argent, l'airain, le fer et l'argile auront disparu, est placée au 35e verset. Mais 2 multiplié par 35 fait 70, qui est le nombre d'années parfaites qu'une planète vit dans un système de deuxième classe.

Aucune planète ne commence ni ne finit sa carrière sous un soleil de 2me classe; mais à la fin de la grande année courante, sous un soleil de première classe, le feu que la grande comète allume dans le sein du globe devenu caduc, augmentant indéfiniment, sans pouvoir s'ouvrir aucune issue, le fait voler en éclats. Les fragments en tombent sur le soleil dans l'atmosphère duquel il est placé.

Ainsi, ce globe qui, à l'apogée de sa grandeur et de sa puissance, a tenu les membres de deux systèmes solaires comme suspendus à ses flancs, qui les a, pour ainsi dire, fait pirouetter comme des marionnettes, ce globe qui a régi l'univers pendant tant de siècles, qui a distribué la vie, la lumière et la fertilité à la surface de tant d'astres, qui a reçu dans son sein, qui a reporté et nourri à sa surface tant de générations de plantes et d'animaux d'espèces différentes, et d'où ils se sont envolés dans des mondes nouveaux, ce globe qui a opéré tant de prodiges, qui a souffert tant de déchirements, sur les ruines duquel l'homme a formé tant de projets, établi tant d'états politiques, livré tant de batailles, construit tant de villes, a enfin subi le sort que subissent toutes les choses créées; et la durée de son existence, qui n'est pas moindre de 4,500,000 ans, ne compte pas plus dans l'éternité que celle de la fleur qui ne dure qu'un jour ou que celle de l'animalcule qui n'est que de quelques instants.

Hommes, faites grand cas de votre vie! celle de la terre n'est rien.

Mais voilà que, de sa main puissante, l'Eternel recueille les principes que l'usage de la vie fait perdre aux planètes et qu'il en compose des globes nouveaux qui entretiennent perpétuellement, en son même état, le système solaire dont le règne est sans fin (272).

A l'imitation de la nature, l'auteur de l'énigme indienne a divisé la vie des corps célestes en deux parties, la cométaire et la planétaire, et, par assimilation à ce qui se passe dans la vie humaine, il a qualifié la première partie d'âge d'or ou d'innocence, et la seconde d'âge de fer ou d'âge malheureux.

En effet, la comète croît et se fortifie comme l'enfant, exempte des troubles que la loi de la génération, chez les globes célestes, impose aux planètes, et chez nous, à l'âge pubère Mais le passage de l'enfance à l'âge de puberté n'est qu'un point qui, chez nous, reste indéterminé, mais qui chez les globes célestes est occupé par la grande comète qui n'appartient plus au premier état, quoiqu'elle ne soit pas encore entrée dans le second. C'est cet état transitoire que l'auteur indien a qualifié d'âge d'argent.

Pendant la transition de son premier état au second, la grande comète fait tomber deux systèmes solaires dans sa dépendance (283). Sous l'action dominatrice de ce globe immense, ces deux systèmes sont censés n'en faire qu'un ; mais ils possèdent à eux deux 144 membres à l'état planétaire, y compris leurs soleils.

Si cet état de choses se prolongeait indéfiniment, chaque globe devant passer par tous les rangs planétaires et rester une année parfaite dans chacun de ces rangs (301), la vie de la grande comète, devenue soleil, serait de 9,000 ans multipliés par 144, soit 1,296,000 ans. Ce temps est celui de l'âge d'argent de l'énigme qui nous occupe. Mais ce temps est double, la raison en est que l'auteur, usant de son droit d'énigmatiseur, a transporté aux systèmes solaires en voie de renouvellement les lois qui règnent dans les systèmes solaires à l'état ordinaire.

1° Dans les systèmes solaires à l'état ordinaire, chaque planète garde la même situation pendant tout le règne d'un même soleil, c'est-à-dire pendant deux grandes années ou une année parfaite. De là vient que l'énigme donne aux planètes une durée deux fois plus longue que celle qu'elles ont réellement. En effet, 1,296,000 ans est le double de 648,000, qui est le temps pendant lequel chaque planète vit, à raison de 9,000 ans par année parfaite.

2° Dans les systèmes solaires à l'état ordinaire les plus petites planètes, celles qu'une longue suite d'années parfaites ont déjà usées, sur lesquelles le fer ou tout au moins l'airain ont déjà établi leur règne, se portent avec plus de force sur le soleil ou sur leur principale ; au contraire, celles qui sont encore à l'âge d'argent s'en éloignent.

Dans les systèmes solaires en voie de renouvellement, les planètes attaquées par leurs pôles se portent toutes, avec rapidité, vers le nouvel astre qui les fait tomber dans sa dépendance. De là vient que l'auteur de l'énigme les a toutes comprises dans la somme des âges de fer et d'airain.

Lorsque, dans les systèmes solaires en voie de renouvellement, les planètes ont fait leurs explosions, la matière expansive qui jaillit de leur sein les rejette toutes vers les hautes régions et leur communique pour un temps les qualités répulsives que les planètes à l'âge d'argent possèdent dans les systèmes à l'état ordinaire. De là vient que l'énigme les comprend toutes dans la durée de cet âge.

Mais, puisque l'énigme indienne embrasse toutes les planètes des deux systèmes en voie de renouvellement, elle devrait aussi en embrasser toutes les comètes viables. Cependant les 4,320,000 années qu'elle attribue à la vie du monde, divisées par 9,000 qui est le nombre d'années qui composent l'année parfaite, ne donnent que 960 globes, tandis qu'une infinité d'allégories dont il est impossible de méconnaître la justesse, portent ce nombre à 1,000. Quel est donc le fait que l'auteur a voulu nous faire chercher par la suppression des 40 comètes qui manquent à l'évaluation du temps de la vie des corps célestes? C'est ce qu'il s'agit d'examiner.

Nous avons vu que l'auteur de cette énigme a porté aux systèmes solaires en voie de renouvellement des faits propres aux systèmes à l'état ordinaire; ici, il porte au contraire aux systèmes à l'état ordinaire des faits propres aux systèmes en voie de renouvellement.

Les planètes isolées ont cela de commun avec les comètes, qu'elles ne dépendent que du soleil, au lieu que les planètes qui entrent dans les groupes dépendent à la fois du soleil et de leurs principales.

Nous verrons dans la suite qu'il y a onze planètes isolées dans les systèmes de première classe et neuf dans ceux de deuxième, et par conséquent vingt dans les systèmes en voie de renouvellement.

A la ressemblance que les planètes isolées ont avec les comètes, au point de vue de leurs relations avec le soleil, l'auteur de l'énigme qui les a comprises dans la catégorie des planètes à laquelle elles appartiennent par leur nature, feint de croire qu'elles sortent du corps des comètes.

Et de ce que les systèmes solaires en voie de renouvellement en ont 20, il en a retranché 20 de chaque système à l'état ordinaire, sans augmenter le nombre des planètes, ce qui a produit une diminution de 40 membres viables sur les 1,000 qui composent les systèmes solaires en voie de renouvellement, et la vie des globes s'est trouvée réduite de 180,000 ans, soit de 40 grandes années.

Voyons maintenant quel avantage nous pouvons tirer de la découverte du nombre des planètes isolées.

S'il y a 1,000 globes viables dans les deux systèmes de classe différente, et si ces deux systèmes comprennent ensemble 144 membres à l'état planétaire, il y aura 856 comètes.

Et puisque sur les 144 membres à l'état planétaire il y a deux soleils, il ne restera que 142 planètes proprement dites.

Et puisqu'il y en a 20 d'isolées, il n'en restera que 122 dans les groupes planétaires des deux systèmes de classe différente.

Mais les groupes planétaires restant formés pendant deux grandes années (301), le nombre des planètes groupées est toujours le même dans chaque système.

Et puisque les deux systèmes de classe différente comprennent ensemble 122 planètes groupées, chaque système en comprendra 61 dans ses groupes.

Et puisque sur 72 planètes, le système de première classe en a 61 dans ses groupes, il y en a 11 d'isolées.

Et puisque sur 70, le système de deuxième classe en a aussi 61 dans ses groupes, il ne lui en reste que 9 d'isolées.

Mais les groupes planétaires sont tous retenus dans le zodiaque par la nature de leur constitution, et puisque notre système solaire, qui est de deuxième classe, n'a que 9 planètes isolées, et que Mars et Mercure sont dans son zodiaque, il ne peut pas avoir plus de 7 ultra-zodiacales. Ce fait dément le grand nombre de planètes que les astronomes mettent en dehors du zodiaque, entre Mars et Jupiter (272).

Si ces faits sont exacts, il sera démontré que le temps de la grande année est de 4,500 ans et celui de l'année parfaite de 9,000 ans. C'est de quoi il importe de nous assurer.

La certitude de ces faits nous est fournie surtout par le 31me chapitre du *Livre des nombres*. Nous n'étudierons ce chapitre qu'au point de vue de la nature du butin et du partage qui en a été fait.

Le butin est composé de quatre espèces d'objets différents en nombre et en nature.

La première espèce comprend 675,000 brebis, la seconde 72,000 bœufs, la troisième 61,000 ânes et la quatrième 32,000 vierges.

Le total de ces différents animaux est de 840,000.

La toison des brebis fait allusion à la chevelure des comètes, et le nombre de brebis qui figure dans le butin est un nombre de comètes.

Les cornes des bœufs font allusion aux montagnes des planètes, et ce nombre de bœufs est un nombre de planètes.

Les ânes, animaux qu'il faut mener ou pousser, font allusion aux planètes qui composent les groupes planétaires, lesquelles se tirent ou se poussent mutuellement. Ce nombre d'ânes fait allusion à celui des planètes qui entrent dans la formation de ces groupes.

Les vierges sont des êtres étrangers à l'acte de la génération, nous verrons leur destination un peu plus loin.

Le butin qui comprend 840,000 objets est dévolu moitié aux combattants, moitié au peuple; mais le $\frac{1}{500}$ de l'une de ces moitiés appartient au grand-prêtre, et les lévites ont le $\frac{1}{50}$ de l'autre moitié.

Le grand-prêtre fait partie de la commission distributive, il est de la dignité de ce haut fonctionnaire de ne laisser voir que des sentiments nobles et désintéressés. Il ne prélève donc ses droits que sur les deux premiers articles qui, du reste, emportent avec eux les qualités exprimées par les deux derniers.

Ce désintéressement apparent du grand-prêtre cache un sens moral très-important. La meilleure garantie que le peuple puisse avoir de la vertu de ses chefs est dans le désir qu'ils ont de paraître vertueux, ne le fussent-ils même pas; car la volonté influe sur les qualités de l'homme, et vouloir paraître vertueux, c'est commencer de l'être. Le caractère se plie aux exigences de la volonté.

Mais le $\frac{1}{500}$ de la moitié du premier article est de 675. C'est le nombre de comètes, moins une, du système solaire de deuxième classe.

Mais le $\frac{1}{500}$ de la moitié du deuxième article est 72. Ce nombre est celui des membres à l'état planétaire, plus un, d'un système de deuxième classe.

En effet, le système de deuxième classe a 70 planètes, plus son soleil qui fait 71. Mais pourquoi donner à ce système une planète de plus et une comète de moins?

Ce fait, qui semble inexplicable, est néanmoins rationnel. Lorsque les opérations du renouvellement des mondes ont commencé, la grande comète qui les provoque cesse de faire partie du système de deuxième classe auquel elle appartenait. Et ce système, qui est encore constitué, compte une comète de moins.

Avant sa décomposition, ce même système reçoit dans son sein, et pour le garder, le soleil détrôné qui, d'un système de première classe, y vient faire ses explosions. Ce système a donc une planète de plus.

Mais le soleil de ce système est remplacé au centre par la grande comète qui le fait passer au rang planétaire.

Ainsi le système de deuxième classe en passant à la première gagne deux planètes. Le soleil détrôné de la période précédente qui a pénétré dans son sein est son propre soleil devenu planète.

Le système de première classe en passant à la deuxième, perd son ancien soleil détrôné, qui a passé dans le système de deuxième classe, et le globe caduc qui fait ses dernières explosions. Ce sy ème perd deux planètes.

Donc le système qui avant les troubles avait 72 planètes n'en a plus que 70 après, et celui qui n'en avait que 70 en a 72.

Le $\frac{1}{500}$ de la moitié du troisième article du butin est 64. Ce nombre est celui des globes qui entrent dans la composition des groupes planétaires de chaque système à l'état ordinaire.

Le nombre des individus qui composent cet article prouve donc que nous avons trouvé le véritable sens de l'énigme indienne au sujet du nombre des planètes isolées.

Le $\frac{1}{500}$ de la moitié du quatrième article est 32. Nous verrons un peu plus loin le rôle que le nombre de cet article est destiné à jouer dans cette allégorie.

Cependant la portion qui revient au grand-prêtre sur la moitié des deux premiers articles du butin fait 747. Ce nombre est celui des membres d'un système de deuxième classe.

Mais les lévites qui ont droit à la cinquantième partie de l'autre moitié du butin, sont plusieurs. Ces ministres subalternes, ne reconnaissant d'autre chef que le grand-prêtre, c'est-à-dire la grande comète, font allusion aux planètes qui sont dans la dépendance exclusive de cet astre. Or, ces planètes sont au nombre de 20.

Mais la cinquantième partie de la moitié du butin, divisée par 20, donne 420 à chaque lévite.

Mais 420 est le nombre des membres qui composent le système de la première classe. C'est d'ailleurs le nombre de membres que Platon donne à ce système [1]. Car la population 5,040 qui compose sa république, divisée entre les 12 quartiers de sa cité, donne 420 habitants à chacun de ces quartiers.

Cependant, si le système de première classe comprend 420 membres, et celui de la deuxième 747, le total des membres de ces deux systèmes est de 1,167.

Pour que l'explication que nous avons donnée de l'énigme indienne soit juste, il faut qu'il y ait 167 comètes non-viables dans les deux systèmes de classe différente.

La comparaison des deux derniers articles du butin à partager confirme ce fait.

Les ânes, dont l'ardeur pour l'acte de la génération est connue, représentent la partie féconde des planètes du système solaire, les vierges, dont la répugnance pour ce même acte est également connue, en représentent la partie stérile ; mais la somme des nombres de ces deux arti-

(1) Platon, *République*.

cles, dépassant celle des planètes d'un système, c'est dans leur différence que l'auteur de l'énigme a placé ce mystère.

Or, la différence entre 61 et 32 est 29. Il y a donc 29 planètes censées stériles dans chaque système solaire.

Les systèmes solaires de première classe ont 72 planètes, mais 72 moins 29 égale 43. Chaque planète produisant deux comètes, le nombre des comètes produites par ce système, à chaque époque de renouvellement, est de 86.

Donc, si l'on ôte 86 de 420 qui est le nombre des membres de toute nature qui composent les systèmes de cette classe, le reste 334 est le nombre de leurs membres viables.

Les systèmes de deuxième classe ont 70 planètes; 70 moins 29 égale 41. Le nombre des comètes produites par ce système est donc 82; mais c'est dans ce système que le soleil détrôné fait ses explosions; par conséquent sur ces 82 comètes il y en a une de viable. Il en reste donc 81 qu'il faut retrancher de 747, qui est le nombre des membres de toute nature qui composent ce système; le reste 666 est le nombre de ses membres viables.

Mais 666 est le nom ou le nombre du nom de la deuxième bête de l'Apocalypse, chap. 13.

Et puisqu'il n'y a que 11 planètes isolées dans le système solaire de première classe, et que ce système a aussi, dans son zodiaque, son Mars et son Mercure, avec le soleil détrôné et le petit globe qui est à sa dernière grande année, il ne lui reste, non plus, que 7 ultra-zodiacales.

La division de la cité de Platon en 12 quartiers, celle du zodiaque en 12 sections, le royaume d'Israël en 12 tribus, les 12 portes de la nouvelle Jérusalem, les 12 apôtres de Jésus-Christ, etc., nous apprennent qu'il y a

12 planètes zodiacales dans un système solaire de première classe, et puisque de ses 11 planètes isolées il y en a 4 dans son zodiaque, il reste 8 groupes planétaires dans cette zône de son ciel.

Mais, si les 61 planètes groupées sont distribuées en 8 groupes, ces groupes comprennent ensemble 8 principales et 53 satellites.

Relativement au soleil, chaque groupe planétaire est censé ne former qu'un corps. Or, s'il y a 8 groupes planéttaires dans un système de première classe, attendu que la durée des groupes est de 2 grandes années, il y en a aussi 8 dans celui de la deuxième, et puisque des 9 planètes isolées de ce système il y en a 2 dans son zodiaque, il y a 10 principales ou planètes isolées dans la zône zodiacale de cet autre système.

Mais, si l'on remarque que les soleils sont toujours dans le plan du zodiaque de leur système, on comprend qu'il y a 13 membres planétaires dans le zodiaque des systèmes de première classe et 11 dans ceux de la deuxième.

Et, puisque Vénus est dans l'atmosphère du soleil (111), il ne reste que 7 groupes planétaires dans les systèmes de deuxième classe, en dehors de cette atmosphère. Ce sont les 7 cercles de Platon, les 7 evêques de l'Apocalypse, etc.

Mais la Vénus du système de première classe est aussi dans l'atmosphère de son soleil; par conséquent, il ne reste non plus à ce système que 7 groupes planétaires en dehors de l'atmosphère du membre central.

Enfin, le système de deuxième classe a 2 membres zodiacaux, Vénus et Mercure, dans l'atmosphère de son soleil, et l'atmosphère du soleil de première classe en comprend 3 : sa Vénus, son Mercure et le petit globe, qui est à sa dernière grande année.

Ce globe, dont la mort arrive fatalement, est le plus âgé des 1,000 qui composent les deux systèmes de classe différente. Il est le 13me des membres zodiacaux à l'état planétaire des systèmes de première classe, y compris leur soleil, et c'est à ce fatalisme que le préjugé sur le nombre 13 doit son origine.

La connaissance des nombres compris dans les diverses catégories des membres qui composent les systèmes solaires est la clé des ouvrages mystiques des anciens ; mais, avant d'en dresser le tableau, il convient de revenir sur le nombre des vierges.

Ce nombre, qui ne se rapporte à aucune catégorie de planètes, a néanmoins un double objet. Le premier est de compléter le dividende dont se déduisent les nombres des membres qui composent chacun des deux systèmes solaires et ceux des catégories dans lesquelles ils entrent ; le second, de faire rechercher le nombre des comètes que chaque système produit aux époques de renouvellement.

29, 41, 43 ne sont, comme 32, que des nombres auxiliaires choisis pour conduire à la connaissance de ce fait..

Moïse etait sûr que l'usage qu'il nous conduisait à faire de ces nombres ne nous induirait pas en erreur, car il savait que nous ne saisirions pas cette partie de son énigme avant d'avoir reconnu les dépressions des planètes, lesquelles devaient nous conduire à la connaissance des dépressions des satellites.

Pour qu'un globe produise deux comètes aux époques de renouvellement, il faut qu'il se soit déprimé par ses deux pôles. Or, les principales des groupes et les planètes isolées se dépriment par leurs deux pôles, excepté celles qui sont dans les atmosphères de leurs soleils, lesquelles ne subissent aucune dépression sensible.

Les satellites des principales ne se dépriment que par

un de leurs hémisphères, et les satellites des satellites ne se dépriment pas du tout. La raison en est que l'action qu'ils reçoivent de la part de leur principale est neutralisée par celle qu'ils reçoivent de la part de la principale du groupe auquel elles appartiennent.

Les satellites des principales produisent donc chacun une comète, et les satellites de satellites, ou globes tertiaires, n'en produisent pas du tout.

Voici les globes qui produisent deux comètes chacun dans les systèmes en voie de renouvellement :

1° La grande comète, les 2 soleils, le soleil détrôné, les 2 mars, en tout.	6
2° Les principales des deux systèmes qui sont en dehors des atmosphères de leurs soleils, en tout. .	14
3° Les ultra-zodiacales des deux systèmes, en tout	14
TOTAL.	34

Ces 34 globes produisent 68 comètes, aux époques de renouvellement. Sur ce nombre il y en a une de viable ; il en reste par conséquent 67 de non-viables.

Mais Moïse nous apprend qu'il y en a 167 de non-viables. Il y a donc 100 satellites dans les deux systèmes solaires en voie de renouvellement, qui produisent chacun une comète. Et puisque chaque système solaire a 53 satellites, il y a trois globes tertiaires dans chacun d'eux.

Les 50 satellites productifs de comètes dans chaque système sont les 50 soldats qu'Ochosias envoie contre Elie de Thesbé, et sur lesquels ce grand prophète fait descendre le feu du ciel. Ce sont les 50 filles de Danaüs, les 50 fils d'Egyptus, les 50 femmes débauchées de Pénélope, etc.

TABLEAU PAR CATÉGORIES

des membres qui composent les deux systèmes solaires en voie de renouvellement.

		SYSTÈME DE PREMIÈRE CLASSE.	SYSTÈME DE DEUXIÈME CLASSE.
NOMBRE	des globes de toute nature.	420	747
	des globes viables	334	666
	des globes non-viables	86	81
	Comètes viables	262	596
	Planètes de toute nature	72	70
	— dans les groupes.	61	61
	— principales.	8	8
	Satellites	53	53
	Groupes hors de l'atmosphère du soleil .	7	7
	— dans l'atmosphère du soleil. .	1	1
	Planètes isolées	11	9
	Zodiacales.	12	10
	Ultra-zodiacales	7	7
	Planètes dans l'atmosphère du soleil. .	3	2
	Planètes zodiacales, y compris le soleil .	13	11
	Planètes productives de deux comètes. .	18	16
	Satellites productifs d'une comète. . .	50	50
	Globes tertiaires.	3	3

L'auteur de l'Odyssée est réputé ignorant en géographie; mais les voyages d'Ulysse ont été tracés sur une carte antédiluvienne.

L'Odyssée est une grande allégorie de l'histoire de l'univers. Celui qui voudrait se rendre un compte détaillé de ce poëme devrait avoir devant lui un long espace de temps et posséder des connaissances aussi étendues que celles d'Homère. Mais si l'on se borne à y chercher quelque partie remarquable de l'histoire de la terre, on peut la trouver par l'étude des traits saillants qui s'y rapportent. Qu'il s'agisse, par exemple, de savoir à quelle époque les globes sont aptes à se reproduire, il suffit de faire les remarques suivantes :

Ulysse, grande comète, épouse le principe femelle, pour la première fois, sous le nom de Pénélope.

Ulysse, soleil de première classe, épouse le principe femelle pour la seconde fois, sous le nom de Circé.

Ulysse, soleil de deuxième classe, épouse le principe femelle pour la troisième fois, sous le nom de Calypso.

Ulysse perdant ses compagnons, est le soleil détrôné, à sa troisième période planétaire.

Ulysse arrivant seul à Ithaque entre dans sa quatrième année planétaire.

Ulysse vainqueur de ses rivaux au concours desquels Pénélope se met, revoit au commencement de sa quatrième période planétaire, la reine qui n'est autre que la Jocaste de la fable d'OEdipe (1).

De même, ne cherchant dans l'Iliade que l'état numérique des systèmes solaires, on le trouve dans les présents qu'Agamemnon fait offrir à Achille pour l'engager à secourir les Grecs dont les Troyens menacent d'incendier la flotte.

En effet, les présents d'Agamemnon sont divisés en deux lots. Ceux qui composent le premier lot ont pour objet d'engager Achille à prendre la défense des Grecs, et ceux qui composent le second, de le récompenser de la victoire.

Si le rôle que le poète confère à cet acteur de son poëme est celui de l'astre perturbateur qui, aux époques de renouvellement des mondes, fait tomber deux systèmes solaires sous son empire, les premiers présents qui lui

(1) On trouve dans le livre de Job la description des deux globes qui concourent à la génération des corps célestes. Celle du globe générateur sous le nom de Béhémoth, et celle de la grande comète sous celui de Léviathan. (Job, ch. 40 et 41.)

sont offerts doivent faire allusion à l'état numérique du système de deuxième classe, parce que ce système tombe le premier dans la dépendance de cet astre, et les seconds présents se rapporter à l'état numérique de celui de première classe.

Mais dans ce cas, le chef suprême de l'armée grecque, le grand Agamemnon passe du rang de grande comète à celui de soleil de première classe.

La remise des seconds présents fait passer ce chef du premier rang solaire au second.

La vie d'une grande comète n'a d'ennemis que sa métamorphose en planète. Achille serait donc immortel, et son accroissement illimité s'il n'entrait pas dans la carrière planétaire; mais celui qui a dit à la mer : « Tu viendras jusques-là et tu n'iras pas plus loin (Job. ch. 28, v. 11), a aussi dit aux géants qui peuplent la vaste étendue des cieux : Tu atteindras telle grandeur, et tu ne la dépasseras pas ; tu vivras mille grandes années et pas plus.» Devant l'Eternel la grande année et la minute se confondent, le soleil et l'insecte ont le même poids. Il dit à l'un et à l'autre ce qu'il nous dit à nous-mêmes : « Vous êtes poussière et vous retournerez en poussière (1). »

Cependant Achille encore invulnérable, s'avance couvert de ses armes terribles qui portent le ravage et la mort au sein des phalanges célestes; mais dans le cours de la vie planétaire dans laquelle il entre, chaque coup qu'il porte lui sera rendu. Il se sert de l'épée, il périra par l'épée (2).

Les premiers présents offerts à Achille consistent en 7 trépieds, 10 talents d'or, 20 vases éclatants, 12 coursiers et 7 captives.

(1) Genèse, chap. 3, v. 19.
(2) Saint-Matthieu, chap. 26, v. 52.

Les 7 trépieds font allusion aux 7 groupes planétaires du système solaire, qui sont en dehors de l'atmosphère du soleil. Ces groupes ont, en effet, comme les trépieds, plusieurs points d'appui dans leurs satellites.

Les 7 captives font allusion aux 7 principales de ces groupes. Les principales sont, en effet, enchaînées et retenues captives par leurs satellites.

Les 10 talents d'or font allusion aux planètes zodiacales du système de 2me classe. L'éclat de l'or dont cette monnaie est composée, fait allusion à la lumière qui brille sur les planètes de cette catégorie.

Les 12 coursiers font allusion aux 12 planètes équatoriales d'un système de première classe.

Les 20 vases éclatants sont les 20 planètes isolées des deux systèmes de classe différente qui, au moment de leurs explosions, jettent dans l'espace une lumière éblouissante.

La somme des carrés de chacun des nombres de ces articles, jointe au nombre même de ces articles, fait 747, qui est le nombre des membres de toute nature du système solaire de deuxième classe.

CARRÉS DES CINQ ARTICLES.

1er Article.	7	carré	49.
2me —	10	carré	100.
3me —	20	carré	400.
4me —	12	carré	144.
5me —	7	carré	49.
Nombre des articles.			5.
TOTAL.			747.

Le premier de ces articles, multiplié par le dernier, fait	49
Le deuxième, ajouté à l'avant-dernier, fait.	22
La moitié de l'article milieu fait.	10
TOTAL.	81

Le nombre 81 tiré des 5 articles, dans un certain ordre de décroissement des articles extrêmes à l'article milieu, est celui des comètes non-viables d'un système de deuxième classe.

Mais 747 — 81 = 666, qui est le nombre des membres viables de ce système.

Les seconds présents offerts à Achille consistent en 20 citoyennes, 7 villes et une fille d'Agamemnon à choisir sur trois.

Les 20 citoyennes font allusion aux 20 planètes isolées des deux systèmes de classe différente.

Les 7 villes font allusion aux 7 groupes planétaires qui sont en dehors de l'atmosphère du soleil.

Les trois filles font allusion aux trois membres planétaires compris dans l'atmosphère d'un soleil de première classe.

Or, 20 × 7 × 3 = 420, qui est le nombre des membres de toute nature d'un système de première classe.

Pour déterminer le nombre des membres non-viables de ce système, il faut retrancher le dernier nombre du double du premier, et au reste 37 ajouter le carré du second. Le total 86 est le nombre des membres non-viables de ce système. Or, 420 — 86 = 334, qui est le nombre des membres viables de ce système.

Remarquons en passant que les trois membres du système solaire qui sont dans l'atmosphère du soleil de première classe, sont censés appartenir en propre à cet astre auquel Agamemnon fait allusion. C'est la raison pour laquelle Homère les considère comme filles de ce chef de système. La plus petite de ces trois planètes est celle qui est immolée en Aulide, sous le nom d'Iphigénie. C'est après le sacrifice de cette planète que la colère des dieux s'apaise, et que se lève le vent qui ramène la flotte céleste de la couche vide du sud vers celle du nord, à la conquête de la belle Hélène, autre Jocaste de la fable d'OEdipe.

Maintenant que nous connaissons le nombre des membres qui composent les deux systèmes solaires de classe différente, et le nombre des membres de chacune des catégories qu'ils forment, voyons comment les anciens en ont déduit les types de leurs mesures itinéraires. Déjà nous avons vu qu'un préjugé traditionnel, sur le nombre 13, nous a conservé le souvenir d'un fait astronomique d'une grande importance. Mais voici que de l'état numérique des systèmes solaires, on a fait descendre dans le commerce des choses humaines les mesures itinéraires dont la plupart sont encore en usage dans divers états de l'Europe.

Dans sa Géographie, Malte-Brun nous apprend que les anciens ont connu 9 stades de valeur différente. Les savants de cette époque, qui ont étudié les ouvrages de l'Eternel, sous toutes leurs faces, et qui les ont représentés dans leurs livres, sous toutes les formes, en on déduit leurs mesures aussi bien que leurs institutions politiques et religieuses.

Le premier stade est de 694 $\frac{1}{9}$ au degré, le deuxième de 600, le troisième de 750, le quatrième de 500, le cinquième de 625, le sixième de 666 $\frac{2}{3}$, le septième de 883 $\frac{1}{3}$, le huitième de 1,000, le neuvième de 1,111 $\frac{1}{9}$.

L'inventeur des stades qui ne paraît être autre qu'Eratosthène, considérant qu'aux époques de renouvellement des mondes, les deux systèmes solaires de classe différentes tombent sous l'empire de la grande comète; mais que pendant la durée de cette période de troubles, chacun de ces deux systèmes conserve son soleil, qu'il y a par conséquent trois soleils dans ces deux systèmes qui n'en font plus qu'un aux époques de renouvellement; que celui de première classe a 12 membres dans son zodiaque et que celui de la deuxième en a 10, a multiplié 3 × 12 × 10, et a pris le produit 360, qui en est résulté, pour diviseur de la circonférence terrestre; et chaque partie résultant de cette division a été désignée sous le nom de degré.

Ces unités étaient néanmoins trop grandes pour les divisions routières, d'ailleurs, l'inventeur des stades voulait faire entrer dans la formation de ses mesures itinéraires, la valeur numérique des grandes parties dont les deux systèmes de classe différente sont composées, ainsi que celle des catégories de leurs planètes.

Pour atteindre ce double but, ce grand astronome a divisé chaque degré de la circonférence terrestre en 1,000 parties, en l'honneur des 1,000 globes viables des deux systèmes de classe différente; et la circonférence terrestre s'est alors trouvée partagée en 360,000 parties.

Chaque partie étant encore trop forte pour son projet, Eratosthène l'a sous-divisée en 100 autres parties en l'honneur des 100 satellites productifs de comètes, et chacune de ces nouvelles parties n'a plus été que la 36,000,000e partie de la circonférence de la terre.

C'est de la division de la circonférence de la terre en 36,000,000 de parties, qu'Eratosthène a tiré ses trois premiers stades, au moyen de diviseurs formés des grandes parties des deux systèmes solaires de classe différente.

Le premier diviseur dont l'astronome a fait usage, est celui de 144, qui est le nombre de tous les globes à l'état planétaire des deux systèmes.

Or, $\frac{36000000}{144} = 250{,}000$. Ces 250,000 stades, qui expriment la circonférence de la terre, sont ceux de 694 $\frac{4}{9}$ au degré.

Le second diviseur est 166 $\frac{2}{3}$. C'est le quotient des 1,000 globes viables divisés par 6, qui est la moitié du nombre des zodiacales d'un système de première classe.

$\frac{36000000}{106\ 2/3}$ = 216,000. Ce sont les stades de 600 au degré.

Le troisième diviseur es 133 $\frac{1}{3}$, quotient des 1,000 globes viables par 7, 5, qui est le terme moyen arithmétique, compris entre les 8 groupes planétaires et les 7 ultra-zodiacales d'un système.

$\frac{36000000}{133\ 1/3}$ = 270,000. Ces stades sont ceux de 750 au degré.

Pour faire entrer les autres catégories planétaires dans la formation des stades suivants, Erotasthène a supposé la circonférence de la terre de 3,600,000 parties seulement.

Le quatrième diviseur dont cet astronome s'est servi, est 20, qui est le nombre des planètes isolées des deux systèmes de classe différente.

Or, $\frac{3600000}{20}$ = 180,000. Ces stades sont ceux de 500 au degré.

Le cinquième diviseur est 16 qui est le nombre des groupes planétaires des deux systèmes de classe différente.

$\frac{3600000}{16}$ = 225,000. Ces stades sont ceux de 625 au degré.

Le sixième diviseur est 15, qui est la somme des 8 groupes planétaires et des 7 ultra-zodiacales d'un système solaire.

$\frac{3630000}{15}$ = 240,000. Ces stades sont ceux de 666 $\frac{2}{3}$ au degré.

Le septième diviseur est 12, qui est le nombre des équatoriales d'un système de première classe.

$\frac{3600000}{12}$ = 300,000. Ces stades sont ceux de 833 $\frac{1}{3}$ au degré.

Le huitième diviseur est 10, qui est le nombre des équatoriales d'un système de deuxième classe.

$\frac{3600000}{10}$ = 360,000. Ces stades sont ceux de 1,000 au degré.

Le neuvième diviseur est 9, qui est le nombre des planètes isolées d'un système de deuxième classe.

$\frac{3600000}{9}$ = 400,000. Ces stades sont ceux de 1,111 $\frac{1}{9}$ au degré.

Ce dernier stade est notre hectomètre, son dixième est un décamètre et son centième est égal à notre mètre ; dix de ces stades font notre kilomètre et cent font le myriamètre.

Pour déterminer la valeur de ses stades théoriques, et les approprier à la mesure des grandes distances, Eratosthène a mesuré la cinquantième partie de la circonférence terrestre, comprise entre Syène et Alexandrie, et il a divisé cette partie en 5,000 autres parties ou stades de 694 $\frac{1}{9}$ au degré.

L'exactitude de l'opération d'Eratosthène a été reconnue par la mesure d'un degré terrestre que le calife Almamon a fait faire dans les plaines de la Mésopotamie. La longueur de ce degré a été divisée en 2,500 parties désignées sous le nom de *coudées noires*.

Mais la coudée noire du calife est le $\frac{1}{36}$ du premier des stades d'Eratosthène ; et 100 de ces coudées font notre lieue commune de 25 au degré.

De même, 50 des stades d'Eratosthène de 1000 au degré font la lieue marine d'Angleterre et de Pologne.

50 des stades de 750 au degré font le mille commun d'Allemagne et du Danemark de 15 au degré.

10 de ces stades de 600 au degré font le mille géographique d'Italie et le mille marin d'Angleterre de 60 au degré.

Ainsi, la plupart des mesures encore en usage viennent des stades d'Eratosthène, dont la formation a exigé de si vastes connaissances astronomiques.

Mais ceux qui ont placé tant de faits scientifiques sous

le voile de l'allégorie, ne sont pas ceux qui les ont découverts. La découverte de la plus grande partie de ces faits n'a pu avoir lieu qu'aux époques de renouvellement des mondes, celle de l'autre partie est due aux observations qui se sont succédées sur la terre pendant une longue suite de grandes années. Tous ces faits recueillis d'âge en âge sur notre planète, tantôt principale, tantôt satellite, tantôt isolée, ont été consignés dans des livres déposés dans les archives publiques, et conservés avec un soin religieux. En mettant tous ces faits sous le voile de l'allégorie et de l'énigme, les écrivains dont nous avons les ouvrages ont outre-passé leurs droits. Ils devaient nous les transmettre au même état qu'ils les avaient reçus, en les enrichissant de leurs propres observations.

Cependant, les écrivains auxquels ce reproche s'adresse n'ont pas voulu encourir la responsabilité de la suppression. Les moyens ingénieux auxquels ils ont eu recours, pour nous faire parvenir la vérité, prouvent qu'il se rattachaient, par un sentiment d'amour, au sort des générations futures les plus éloignées. Connaissant le génie inventif de l'homme, son désir de connaître qui le pousse incessamment dans la voie des recherches, ils ont supposé qu'il retrouverait, avant la fin de la grande année, les lois qui régissent l'univers ; et qu'au moyen des allégories qu'ils lui transmettaient, il recomposerait facilement l'histoire des mondes, et qu'il s'éclairerait à temps opportun sur l'époque et sur les dangers du nouveau déluge. Dans cette pensée, ils ont disposé leurs ouvrages de manière à conduire à ce but l'homme exempt de préjugés et dégagé de tout esprit de parti.

Il n'y a rien d'inutile dans les ouvrages des anciens, tout y concourt au rétablissement de la vérité. Eratosthène savait que le renflement équatorial de la terre continue de s'accroître depuis le commencement de la grande année jusqu'à la fin; il n'ignorait pas non plus le retrait perpétuel de l'écliptique. La ligne que cet astronome a mesurée, entre Syène et Alexandrie, nous fournit, par sa position et son étendue, le moyen de vérifier deux faits importants. Le premier, c'est la continuation de l'accroissement du renflement de la terre; car l'accroissement de ce renflement ne fait pas subir à Alexandrie la même augmentation d'inclinaison à la verticale, qu'à Syène; et la distance céleste, comprise entre ces deux villes, n'est pas la même aujourd'hui qu'au commencement de la grande année ; le second de ces faits, c'est l'époque du nouveau déluge. Cette ligne, dont une extémité aboutissait au tropique au commencement de la grande année, reste maintenant en arrière de près de deux tiers de degré; mais si on transposait cette ligne sur le méridien d'Alexandrie, en laissant dans sa position primitive l'extrémité qui part de cette ville, l'autre extrémité, la même longueur étant conservée, aboutirait au point où sera le tropique au nouveau déluge. C'est aux astronomes qu'incombe la vérification de ces deux faits.

Mais tout ce qui nous vient des anciens porte un caractère de grandeur écrasant. On dirait que ces géants de la pensée ont voulu se mesurer avec l'univers. La plus grande des pyramides de l'Egypte, que sa structure colossale a fait mettre au nombre des sept merveilles du monde, et que certains savants considèrent comme un édifice destiné à éterniser l'orgueil de quelque dynastie absolue, a néanmoins eu une destination plus noble et plus utile. Ce monument est un chronomètre de la grande année, duquel la vitalité du système solaire est le moteur.

L'orientation et les dimensions de cette horloge extraordinaire sont les aiguilles par lesquelles elle marque le temps de la grande année ; mais leur disposition suppose dans l'architecte du monument des connaissances astronomiques très-étendues.

Après le déluge, l'orientation de la terre se trouva entièrement changée. Le soleil qui, auparavant, se levait au sud et se couchait au nord, se leva à l'est et se coucha à l'ouest. Tout le ciel parut animé d'un mouvement différent de celui qu'il avait auparavant. L'année et le jour n'eurent plus la même durée ; les phases de la lune furent plus courtes, les mers changèrent de niveau, et les fleuves de direction. Les climats se modifièrent de diverses manières : la même terre ne convint plus à toutes ses productions habituelles. Les relations commerciales furent détruites, et des villes, jadis florissantes, tombèrent en ruine, tandis que des nouvelles s'élevèrent sur des points plus heureusement situés ; et un monde nouveau naquit parmi les ruines de l'ancien.

Les observations faites et recueillies pendant les grandes années précédentes, ne furent plus en rapport avec le nouvel état de choses, et il fallut tout recommencer sur nouveaux frais. Mais les savants qui avaient prévu la catastrophe, et qui avaient enseigné à leurs contemporains les moyens d'en échapper, avaient conservé leurs livres et leurs instruments ; et, plus heureux que les savants modernes, ils possédaient la théorie de l'univers.

Il ne fallut pas longtemps aux savants de cette époque pour relever l'astronomie de l'abaissement dans lequel le déplacement de l'axe de la terre l'avait plongée. Au bout de quelques siècles, tous les faits astronomiques étaient connus et calculés avec la plus grande précision, et les géomètres étaient en état de dresser le plan de leur chronomètre pyramidal.

Cette précision de la part des anciens doit peu nous

surprendre, après ce que nous avons vu de quelques parties de leurs ouvrages. Leurs livres ont été faits à l'imitation de la nature, qui jette une montagne sur les débris d'autres montagnes, qui sème des générations nouvelles à côté d'anciennes qu'elle veut encore conserver, et qui ente des mondes nouveaux sur les ruines de mondes anciens.

La savante combinaison d'après laquelle les écrivains de cette époque reculée ont mêlé les faits antérieurs au déluge aux faits actuels, est de nature à faire prendre le change à tous ceux qui les lisent sans avoir acquis des notions générales de l'histoire de l'univers et de celle de la terre en particulier. Ce n'est qu'au moyen de ces connaissances qu'on parvient à démêler les traits qui composent leurs tableaux historiques, et à en rapporter chaque partie à la place qui lui appartient dans le grand tableau historique de l'univers.

L'astronome Nouet a reconnu que l'orientation de la grande pyramide de l'Egypte s'écarte de 20 minutes de la méridienne (1). Cette différence entre la méridienne actuelle et la direction du monument n'est pas due à une erreur d'orientation, mais à une déviation lente et continuelle du méridien, produite par le retrait de l'écliptique, qui modifie la position de la terre dans ses rapports avec ses moteurs translatifs (168, 169). Pour se servir de ce chronomètre il fallait connaître la déviation séculaire du méridien, et les anciens ne l'ignoraient pas. Peut-être ont-ils marqué les limites dans lesquelles cette déviation est comprise pendant une grande année; tout ce que nous pouvons en conclure dans ce moment, c'est que le méridien a dévié de vingt minutes de la direction qu'il avait au commencement de la grande année.

---

(1) Voir la *Cosmogonie* de Marcel de Serres, note 3, tome 2.

Mais serons-nous plus heureux dans les dimensions de la pyramide? C'est encore douteux; quoique, en cherchant à déduire l'unité fondamentale des poids et mesures, des dimensions de la terre, les géomètres français aient levé quelques difficultés. Grâce à leurs travaux, nous savons que la circonférence de notre planète est de 40 millions de mètres, et Eratosthène nous a appris, par ses stades, que les anciens le savaient aussi. Les savants modernes nous ont aussi appris que la longueur des degrés du méridien terrestre augmente en allant de l'équateur aux pôles, et que la longueur moyenne du degré est de 111,111 mètres; mais les anciens ne l'ignoraient pas non plus.

Au commencement de la grande année, la terre était parfaitement sphérique. C'est à son action vitale qui se porte dans la direction de son équateur au détriment de ses régions polaires qu'elle doit son renflement équatorial, et ce renflement continue de s'accroître aussi longtemps que cette action se porte vers les mêmes points. Or, elle s'y porte durant tout le temps de la grande année.

Au commencement de la grande année, la longueur du degré du méridien au milieu duquel est située la pyramide était donc de 111,111 mètres, comme celle de tous les autres à cette époque. Or, chaque coté du monument est de 231 mètres, et ce côté est contenu 481 fois dans la longueur d'un degré de la terre sphérique, la coudée égyptienne de $0^{m},5775$ y est contenue 192,400 fois, et la canne agraire de $3^{m},85$ y est contenue 28,860 fois. Ainsi, le côté de la pyramide et les mesures Egyptiennes ont été déduites du degré de la terre sphérique.

Il n'en est pas de même de la hauteur oblique de ce monument, laquelle est de $184^{m},72$; cette hauteur est exactement contenue 600 fois dans la longueur que le même degré du méridien aura à la fin de la grande année actuelle. Or, à la fin de cette grande année, la longueur de ce degré sera réduite à 110,833 mètres.

Il s'écoule 4,500 ans pendant que la longueur du degré du méridien propre à l'Egypte descend de 111,111 mètres à 110,833, et comme cette réduction de longueur est de 6^m,178 par siècle, on pourrait toujours, en remesurant ce degré, connaître le temps écoulé de la grande année et celui qui reste à s'écouler; et cette opération nous donnerait encore aujourd'hui le temps de cette grande période, si nous étions convaincus de la continuation de l'accroissement du renflement équatorial de la terre.

Mais, par malheur, les savants rapportent la formation du ménisque de notre planète au mouvement diurne dont elle était animée à l'époque où elle était encore à l'état fluide; comme si à l'état de fluidité le globe avait pu obéir à d'autres lois qu'à celles qui régissent les comètes qui sont en cet état. La terre à l'état cométaire ne pouvait pas être douée d'un mouvement rotatoire dont ces sortes de globes sont privés, ni conserver indéfiniment une forme qui d'après sa nature devait changer à tout instant.

Indépendamment des mille faits qui prouvent que l'action vitale de la terre motifie le volume des points par lesquels elle passe, l'observation nous apprend que les mers ont un mouvement lent, mais continuel, des pôles vers l'équateur. Or, si ce mouvement existait depuis que la terre était à l'état fluide, il n'y aurait plus une goutte d'eau aux régions polaires, ni même aux régions tempérées.

Les eaux en se portant des pôles à l'équateur, la verticale, en s'infléchissant dans le même sens, obéissent à la loi de la pesanteur. Or, puisque la lune se déprime par son hémisphère inférieur, et qu'elle se renfle par le supérieur (112), ses eaux doivent être passées du premier de ces hémisphères dans le second, et l'air doit avoir obéi à la même loi. Mais voilà que l'observation n'aperçoit aucune trace d'eau, aucune apparence d'atmosphère dans l'hémisphère inférieur de ce satellite.

Cependant si, malgré le concours des faits et leur accord avec les allégories des anciens, les savants ne sont pas encore suffisamment édifiés sur la continuation de l'accroissement du ménisque équatorial, qu'ils remesurent le degré du méridien que Condamine a mesuré au Pérou, et celui que Svanberg a mesuré en Suède ; la différence entre les premiers résultats et les derniers fera connaître la nature de la cause qui le produit.

Mais, supposons que ces remesurations seront faites, et que les résultats répondront à mes prévisions sans produire la conviction, dans ce cas, je ne sais à quel autre moyen on pourrait recourir pour faire pénétrer la vérité dans le monde. Y réussirait-on mieux en déroulant les savants tableaux de la religion? Cette institution est une image de la divinité; elle a été calquée sur l'état de l'univers que de tout temps Dieu a créé à sa ressemblance. L'unité de l'essence de la nature révèle l'unité du créateur, son éternité et son infinité nous apprennent l'étendue et la durée sans fin de son auteur. La vie par laquelle elle conserve son éternelle indentité prouve que le principe dont elle découle est immuable.

Mais peut-on s'empêcher de reconnaître l'image de la trinité dans les trois principes qui constituent l'univers? L'espace, sans lequel les deux autres principes ne sauraient exister, qui tire sa toute-puissance de sa propre vacuité, sous l'action duquel la matière s'organise et se désorganise perpétuellement, ne correspond-il pas à la première personne divine, qui est le principe des deux autres? La matière que l'espace vivifie, et qui, par son genre de vie, nous révèle les lois qui président à l'harmonie éternelle du monde, ne correspond-elle pas à la seconde personne divine, qui est le fils et le verbe de Dieu; enfin le mouvement qui naît du mélange de la matière avec l'espace, ne correspond-il pas au Saint-Esprit qui procède du Père et du Fils?

Si, en convertissant l'histoire des mondes en allégories, les anciens nous ont frustré de l'héritage de la vérité auquel nous avions un droit légitime, nous devons néanmoins leur savoir gré des précautions qu'ils ont prises pour nous faire parvenir les allégories dans toute leur pureté. Confier ce dépôt à la garde d'une seule église, c'eût été le soustraire à toute espèce de contrôle, et l'exposer à des altérations que rien n'aurait pu faire reconnaître. L'unité de la religion, dépositaire des vérités éternelles, a été scindée par une subtilité cosmologique. L'église latine fait de la procession du Saint-Esprit un article de foi, et nous avons vu la raison de ce dogme; l'église grecque a rejeté cette procession, et la cause de ce rejet est dans ce que le mélange de l'espace et de la matière est l'effet du mouvement et non pas la cause. L'objet de cette scission a été d'exciter un sentiment de prééminence entre ces deux communions, d'y faire naître la controverse, qui aiguise l'esprit et pousse à l'étude, et de préserver de toute altération les textes des écritures sur lesquels chaque église s'appuie.

Cependant, tandis que le libéralisme des nouvelles doctrines attirait en foule, au sein de l'église, les populations mécontentes du paganisme, le judaïsme était en butte aux vexations que le mouvement des nouvelles idées poussait contre lui. Mais le peuple juif avait sa place marquée dans le plan du renouvellement de la religion. Il devait descendre du rang des nations, et par sa dispersion porter dans toute la terre le témoignage du grand anachronisme qui venait d'être commis dans l'histoire des mondes, et conserver la mémoire de ce fait étonnant jusqu'à la fin de la grande année.

Mais on parle de l'évangile. Chacun juge ce livre d'après ses vues : le sceptique n'y voit qu'un roman social, le religionnaire veut qu'il contienne la vie d'un Dieu incarné pour la rédemption du genre humain ; mais personne n'y voit l'histoire de l'univers, ni celle de la terre qui y sont réellement. Cependant dès le premier chapitre (1), l'auteur de ce livre mystique nous donne l'âge de la terre. Les 42 générations qui précèdent la naissance de Jésus-Christ, sont les 42 années parfaites que la terre aura au prochain déluge, lorsque l'astre réparateur viendra faire toutes choses nouvelles.

Si l'on multiplie les 17 versets employés à établir la généalogie par les 8 du même chapitre, qui sont relatifs à la naissance du Messie, on obtient le nombre 136.

Hérode qui ordonne le massacre des enfants de Bethléem fait allusion à la grande comète dont l'action amène la destruction de toutes les petites comètes non-viables. Or, la grande comète entre en fonctions par la centralisation des planètes et des comètes. Donc, si nous multiplions 136 par les 3 versets du second chapitre, qui précèdent le rassemblement des princes des prêtres, des scribes et des docteurs qui a lieu sous Hérode, nous obtenons 408, qui joints au 20 versets suivants du même chapitre font 428.

Ce nombre 428 exprime les années parfaites qui se sont écoulées depuis la naissance de la terre jusqu'au moment où elle est arrivée à l'état de grande comète. Si nous y ajoutons les 42 années parfaites qu'elle aura en qualité de planète, au nouveau déluge, nous avons 470 années parfaites pour son âge à cette époque ; et les 20 derniers

(1) Mathieu.

versets de ce chapitre multipliés par les 3 premiers, donnent les 60 grandes années qui lui restent à vivre.

La généalogie a encore pour objet de relier le nouveau Testament à l'ancien, en donnant à chaque grande année de la terre le nom d'un personnage allégorique dont l'histoire est dans la Bible. Ainsi l'histoire d'Abraham, qui ouvre cette série de noms est celle de la terre à l'époque de son passage de l'état cométaire au planétaire. En effet, Abraham, recevant mille talents d'Abimélech qui a enlevé sa femme (1), fait allusion à la grande comète sous l'empire de laquelle tombent les mille globes viables qui appartiennent aux deux systèmes de classe différente.

Isaac, prenant pour femme Rebecca qu'Eliézer, qui est le troisième dans l'ordre hiérarchique de la maison d'Abraham, a comblée de présents (2), fait allusion au soleil de première classe qui est censé épouser le principe femelle, fécondé par le globe générateur qui le précède dans l'ordre des générations.

Jacob, sortant de son pays pour aller chercher une femme en pays étranger (3), est le soleil détrôné qui va remplir à son tour les fonctions de globe générateur.

Mais le temps me manque pour mettre au jour tous les mystères voilés par ces savantes allégories, je ne m'arrêterai plus, quant à présent, qu'à ébaucher l'explication de deux ou trois chapitres de la Bible, en commençant par celui où Jacob, arrivé au dernier échelon de la vie, réunit ses enfants autour de lui pour la dernière fois, et leur annonce ce qui doit leur arriver dans les derniers temps (4).

Dans ce chapitre, les planètes zodiacales, sous des noms

(1) Genèse, ch. 20, v. 16.
(2) Genèse, ch. 24.
(3) Genèse, ch. 29.
(4) Genèse, ch. 49.

d'hommes, sont disposées dans l'ordre décroissant du produit de leurs volumes par le nombre de leurs satellites. Le globe générateur, quoique sans satellite, y tient néanmoins le premier rang, parce que son volume est plus grand que celui d'aucune principale multiplié par le nombre de ses satellites.

Ruben, l'aîné des enfants de Jacob, qui est le quatrième dans l'ordre des générations, puisqu'il a Abraham, Isaac, et Jacob avant lui, fait donc allusion au globe générateur qui est aussi le quatrième dans l'ordre planétaire, puisqu'il a avant lui la grande comète et les soleils de première et de deuxième classe.

« Ruben ayant été maudit pour être monté sur le lit de » son père et avoir souillé sa couche », se rapporte au même globe que l'OEdipe de la fable, qui a épousé sa mère.

Siméon et Lévi qui viennent après Ruben, font allusion aux deux plus grandes planètes du système solaire, lesquelles nous sont encore inconnues. Ces deux chefs de groupes planétaires sont joints dans le même article pour nous apprendre que la somme de leurs volumes, multipliée par le nombre de leurs satellites, est encore inférieure au volume du globe générateur.

Nous trouvons le nombre des satellites de la première de ces deux planètes dans les trente jeunes hommes que les Philistins donnent à Samson à l'occasion de son mariage avec une Philistine (1).

L'obligation dans laquelle Samson se trouve entraîné, de fournir des vêtements à ces jeunes gens, nous apprend que les principales fournissent un supplément de substances vitales à leurs satellites, pour les soutenir dans le système solaire à la même hauteur qu'elles (62).

(1) Juges, ch. XIV, v. 11, 12, 19.

Ces jeunes gens ont deviné l'énigme de Samson au moyen des artifices de sa femme ; et Samson prétend que ce n'est que parce qu'ils ont eu des relations intimes avec elle ([1]). Et de fait, les planètes auxquelles ces jeunes gens font allusion, ont fécondé, chacune à leur tour, le principe femelle du système solaire, auquel la Philistine se rapporte, et que Samson vient de féconder lui-même, et qui comme OEdipe a été condamné à avoir les yeux crevés.

Les renards que ce personnage allégorique lie les uns aux autres par la queue, et auxquels il attache des flambeaux qui incendient les blés, les vignes et les oliviers ([2]), sont ces mêmes satellites que leurs courants vitaux lient les uns aux autres, et sur les hémisphères extérieurs desquels l'action vivifiante de la principale, produit une chaleur qui brûle tous les végétaux qui les couvraient antérieurement.

Nous apprenons que le nombre des satellites de la seconde de ces deux planètes est de deux, par le voyage que Samson fait en la compagnie de son père et de sa mère jusqu'aux vignes qui sont à la porte de la ville ([3]).

Le nombre des satellites de cette planète nous est encore donné par Loth se sauvant de l'incendie de Sodome en la compagnie de ses deux filles, et allant s'enivrer sur la montagne saturnienne après avoir passé par Ségor ([4]), c'est-à-dire par Jupiter.

Mais les 30 satellites de la première planète multipliés par les deux de la seconde font 60. Le globe générateur est donc 60 fois plus grand que la somme du volume de ces deux planètes, et par conséquent 120 fois plus grand en moyenne que chacune d'elles.

(1) Juges, ch. 14, v. 18.
(2) Juges, ch. 15, v. 4.
(3) Juges, ch. 19, v. 5.
(4) Juges, ch. 19, v. 30.

La plus grande de ces deux planètes n'est donc que le $\frac{1}{120}$ du globe générateur. Elle n'est que 11 ou 12 fois plus grosse que Jupiter.

La loi sur l'accroissement des renflements équatoriaux étant connue, on peut en déduire celle du décroissement de volume produit par les explosions polaires. En deux grandes années, la première des deux planètes inconnues est réduite au volume de la seconde, dans le même temps, la seconde est réduite au volume de Jupiter, Jupiter à celui de Saturne, et Saturne à celui de Neptune.

A la fin de la grande année, Neptune passe du rang de principale à la condition de satellite, qu'il garde jusqu'à l'âge d'Uranus.

Mais, à la fin de la grande année actuelle, la terre aura 42 années parfaites ou 84 grandes années (1). Or, à l'âge de la dernière grande année de Neptune, la terre avait parcouru 14 grandes années en qualité de soleil ou de principale; il lui en restait donc 70 à partir de l'époque où elle a passé à la condition de satellite jusqu'à la fin de la grande année actuelle. Ce sont les 70 années de la captivité de Babylone. Ces 70 années de captivité sont entrecoupées par 4 années parfaites, ou 8 grandes années de liberté comme il suit :

Une année parfaite de liberté à l'âge d'Uranus ;

Une année parfaite de liberté à l'âge de la plus haute des ultra-zodiacales, qui est au-dessus de Neptune et correspond à σ de la Couronne ;

Une année parfaite de liberté à l'âge de la seconde des ultra-zodiacales, comprise entre Saturne et Uranus, et correspondant à ξ de l'Ours, à ζ du Cancer ou à η de la Couronne ;

(1) Genèse, ch. 1 ; Mathieu, ch. 1.

Et enfin une dernière année parfaite de liberté, qui a commencé à la création de Moïse et qui se terminera à la fin de la grande année actuelle.

En tout, 62 grandes années de captivité, plus 7, plus 1, cette dernière est celle vers le milieu de laquelle a eu lieu l'avènement fictif du Christ, et le rétablissement également fictif de la justice éternelle [1].

Cependant les deux enfants de Jacob, « Siméon et Lévi » sont maudits pour avoir abusé de la circoncision et » avoir tué tous les habitants d'une ville par l'épée. »

La circoncision est une opération religieuse, pratiquée sur l'organe génital de l'homme. Elle a été instituée en l'honneur de la compression du renflement équatorial de la planète, lequel est aussi son organe génital.

L'explosion polaire qui porte dans l'espace le germe des corps célestes prend la forme d'une épée; mais cette épée de destruction se retourne sur la planète, et produit sur les habitants qui en peuplent la surface des ravages d'autant plus considérables que ce renflement est plus grand.

Or, les deux planètes inconnues auxquelles Siméon et Lévi font allusion, sont celles qui contractent les plus grands renflements équatoriaux. La deuxième surtout, qui est la plus distante, en contracte un immense. Les explosions que cette planète subit, produisent la destruction de tous ses habitants. C'est à cette destruction que font allusion l'embrasement de Sodome et le carnage des habitants de Sichem.

Les habitants de la première de ces deux planètes ont aussi beaucoup à souffrir de ses explosions; mais cette planète, qui ne parcourt encore que ses cinquième et sixième années planétaires, n'a d'animaux que pendant la

(1) Daniel, ch. 9, v. 2, 24, 25, 26 et 27.

dernière de ces deux grandes années; car les premiers animaux qui ont paru sur la terre n'ont été créés qu'au cinquième jour; le quatrième jour, celui qui a ouvert la cinquième grande année n'en a pas produit.

Le lionceau que Samson rencontre dans son voyage aux vignes (1), nous apprend que la race de ces animaux a paru pour la première fois, sur la terre, à la fin de la sixième année planétaire; mais cette première création a été exterminée à la fin de la septième grande année. Les crânes de ces animaux, restés sur le sol, ont servi de ruches aux abeilles pendant la grande année suivante. En faisant manger du miel au père et à la mère de Samson (2), l'auteur nous apprend que cet événement se passait pendant la dernière grande année que la terre était la plus haute des deux inconnues.

En rapportant à un temps antérieur un fait qui ne s'est produit qu'à une époque postérieure, l'auteur de l'énigme du miel fait marcher l'histoire de la terre à reculons. Le miel produit sur la deuxième des deux inconnues, n'existe pas encore sur la première; mais dans nos recherches il ne faut pas oublier que nous sommes dans le pays des énigmes, et qu'ici l'histoire de la terre commence par la planète la plus élevée, et se continue par celle qui suit dans l'ordre décroissant des distances, de sorte que ce qui est arrivé sur la terre, à sa quatrième année parfaite, semble s'être passé pendant sa troisième et sa seconde.

Après les deux planètes inconnues, désignées sous les noms de Siméon et de Lévi, ce n'est pas Jupiter qui prend rang sous le nom de Judas, dans l'allégorie des bénédictions des enfants de Jacob, mais bien Saturne. La raison en est

(1) Juges, ch. 14, v. 6.
(2) Juges, ch. 14, v. 9.

que Saturne surpasse plus Jupiter en satellites que Jupiter ne le surpasse en volume.

Mais Judas est un lion. C'est un lion et une lionne couchés. Les lions reparaissent donc sur Saturne, mais ils y sont couchés, c'est-à-dire à l'état de repos : la raison en est que la fertilité de la planète leur fournit des aliments en abondance, et que la faim n'excite pas leur activité.

« Le sceptre ne sera point ôté de Judas ni le prince de » sa postérité, jusqu'à ce que celui qui doit être envoyé » soit venu. »

Or, la postérité de Saturne c'est Neptune, et Neptune garde la suprématie de son groupe jusqu'à ce que l'astre nouveau vienne renouveler le monde, et fasse descendre cette principale au rang satellitaire.

« Judas lie son ânon à la vigne, » c'est-à-dire que l'âne et la vigne ont paru l'un et l'autre pour la première fois sur la terre à l'âge de Saturne. C'est en mémoire de l'apparition de la vigne à cette époque, que les saturnales ont été instituées.

Le dieu du vin, Bacchus, fils de Jupiter, du même âge que Saturne, se rapporte à la même époque de la terre, et les bacchanales ont été instituées en mémoire du même événement.

Noé, qui est le premier patriarche anté-diluvien, entre dans sa sixième année parfaite après le déluge. Ce globe se rapporte donc au même âge de la terre que Saturne et Bacchus. Or, Noé a planté la vigne après le déluge, et bu de son fruit. L'époque de l'apparition de la vigne sur la terre est donc établie.

Jupiter prend rang après Saturne, sous le nom de Zabulon. « Zabulon est près du port des navires. » Mais l'orbite de Jupiter a dans son voisinage les orbites d'un grand nombre de planètes et de comètes.

Uranus surpassant plus de fois Neptune en satellites que Neptune ne le surpasse en volume, prend rang après Jupiter sous le nom d'Issachar.

L'âne que nous avons vu pour la première fois sur Saturne est déjà ancien sur Uranus. Il est donc « fort et dur » aux travaux. »

« Issachar a baissé l'épaule sous les fardeaux et s'est » assujéti à payer les tributs. »

Mais le volume du cortége satellitaire d'Uranus surpasse celui de la principale (92, 94). Ce fait, unique dans les groupes planétaires, justifie les charges auxquelles Issachar s'est soumis.

Après Uranus c'est Neptune, et cette planète figure sous le nom de Dan.

Mais « Dan devient comme un serpent dans le chemin, » comme un Céraste dans le sentier, qui mord le pied du » cheval, afin que celui qui le monte tombe à la ren» verse. »

A l'âge de Neptune, la terre était donc devenue le séjour des serpents. Quoique l'homme y eût déjà fait la conquête du cheval, il n'y succombait pas moins sous les attaques de ses ennemis devenus trop nombreux.

Mais, « Dan attend son salut de celui que le Seigneur » doit envoyer. »

Neptune sera donc délivré, à la fin de la grande année actuelle, de la funeste engeance dont il est infecté, et il recevra de nouveaux habitants plus sympathiques avec l'homme.

Les cinq personnages mystiques nés des dents du dragon que Cadmus, grande comète, a tué, font allusion aux cinq premières planètes du système solaire sur lesquelles les reptiles dominent. Et Cadmus, ou la grande comète qui les extermine sur Neptune, en sera lui-même infecté un jour (1).

Les autres planètes qui, dans les bénédictions des enfants de Jacob, suivent Neptune, sont disposées dans l'ordre décroissant de leurs distances au soleil.

Mars y figure sous le nom de Gad.

Nous reconnaissons le dieu mythologique de la guerre à cette marque que : « Gad combattra tout armé à la tête » d'Israël, et qu'il retournera ensuite couvert de ses ar» mes. »

Mars a au moins 16 grandes années de plus que la terre; il est arrivé à un état de dureté très-grand. Il contracte néanmoins un renflement sept fois plus grand que celui de notre planète. Son froid polaire forme l'arme avec laquelle il marche à la tête des planètes du système solaire, lorsqu'elles se précipitent dans la direction de la grande comète ; la haute montagne que l'explosion produit à sa surface est l'arme dont il se couvre à son retour.

Après Mars, arrive le tour de la terre, sous le nom d'*Aser*. Nous reconnaissons notre planète dans Aser à « l'excellence de son pain et aux délices dont jouissent » ses rois. »

Vénus paraît à son tour, sous le nom de *Nephtali*. Mais « Nephtali sera comme un cerf qui s'échappe. »

Or, au prochain déluge, Vénus se séparera d'avec son satellite, et remontera dans le voisinage de Jupiter ; tandis que son satellite descendra dans le voisinage du nouveau soleil, à la surface duquel ses explosions le précipiteront à la fin de la grande année suivante.

Mercure y figure sous le nom de Benjamin. Mais Benja-

(1.) . . . . . . *Quid, Agenore nate, peremptum*
Serpentem spectas? Et tu spectabere serpens (Ovide.)

min est un loup ravissant. Cette planète, encore plus agée que Mars, dure, froide, couverte de hautes montagnes, convient à la nature du loup.

Pour ce qui est de Joseph, il est la grande comète devenue soleil de première classe. C'est le seul globe digne de toutes les bénédictions dont le vieux patriarche le comble.

Les dix plaies de l'Egypte (1) nous offrent encore l'histoire physique de la terre dans ses différentes stations zodiacales.

Pour saisir l'histoire de la planète à cet autre point de vue, il faut se faire une idée du caractère de chacun des acteurs qui jouent un rôle dans cette pièce allégorique.

Moïse qui est établi le dieu de Pharaon est une grande comète, Pharaon un soleil de première classe, et Aaron, qui a trois ans de plus que Moïse, le globe générateur. Les enchanteurs de Pharaon sont les planètes du système solaire; la verge d'Aaron est l'instrument au moyen duquel s'opèrent les grandes merveilles ordonnées par Moïse de la part de l'Eternel.

La verge d'Aaron fait allusion à la matière explosive qui en prend la forme dans l'espace où elle s'élève.

« L'endurcissement toujours croissant du cœur de Pha» raon à chaque plaie nouvelle, » fait allusion à l'augmentation de la dureté de la planète, à chaque cataclysme qu'elle subit.

Lorsque Aaron, sur l'ordre de Moïse, « jette devant Pha» raon sa verge qui se change en serpent, » c'est le globe générateur qui, sous l'action que la grande comète excite dans son sein, lance la matière explosive dans l'espace, où elle prend la forme du serpent. Les planètes, sous le

(1) Exode, ch. 7, 8, 9, 10, 11 et 12.

titre d'enchanteurs de Pharaon, sollicitées par le même astre, lancent aussi leurs explosions, qui prennent la même forme que celle du globe générateur.

Mais la comète produite par le globe générateur est viable; elle se nourrit de celles que produisent les autres planètes. Aussi « la verge d'Aaron mange-t-elle les verges des enchanteurs. »

Après l'acte de la génération, qui se passe au quatrième jour planétaire, Aaron, sur l'ordre de Moïse, « lève de nou-» veau sa verge et l'étend sur les eaux, et les eaux sont » changées en sang. »

Cette seconde levée de la verge d'Aaron correspond au cinquième jour planétaire. Or, à ce jour, la terre a produit pour la première fois des animaux qui ont peuplé l'air et les eaux. Mais les animaux sont les instruments au moyen desquels la nature change l'eau en sang. Les enchanteurs de Pharaon imitent ce miracle parce que, à chaque renouvellement des mondes les planètes reproduisent des animaux.

La seconde plaie est celle des grenouilles. Dans ces premiers âges planétaires, les soulèvements n'atteignent que des hauteurs peu considérables; les continents sont bas et plats et les eaux n'ont presque point d'écoulement, le sol, par conséquent, est marécageux. C'est l'état qui convient aux grenouilles.

La troisième plaie est celle des mouches. Cette plaie regarde Jupiter. Mais Jupiter n'est encore qu'à ses neuvième et dixième années planétaires. Sur cette planète, les continents sont encore bas, humides et sous l'action d'une température élevée. C'est l'état qui convient aux mouches. Toutefois, il paraît qu'il s'agit d'une espèce de mouches propres à cette seule planète, car les enchanteurs de Pharaon ne peuvent pas les produire.

La quatrième plaie, qui est celle des moucherons, regarde Saturne. La condition exigée pour le développement de ces sortes d'insectes étant peu différente de celle exigée pour le développement des mouches de Jupiter, l'état physique de ces deux planètes ne doit pas différer beaucoup.

La cinquième plaie est la peste des animaux. Cette plaie regarde Neptune. Mais Neptune passe du rang de principale à celui de satellite. Il se produit à la surface de cette planète des changements de température qui détruisent la plus grande partie de ses habitants.

La sixième plaie est celle des ulcères et des tumeurs qui affectent les hommes et les bêtes. Cette plaie regarde Uranus. Ces tumeurs et ces ulcères signifient qu'il existe de nombreux volcans à la surface de cette planète et de celles de toutes les autres, puisque les enchanteurs en sont aussi affectés.

La septième plaie, qui est celle des tonnerres et de la grêle, regarde Mars. La matière explosible est lancée du sein de cette planète avec une violence extrême. Les jets sont portés à une hauteur prodigieuse, d'où la condensation les précipite en gerbes immenses sur le sol où ils détruisent les plantes et les animaux dont il est couvert.

La huitième plaie est celle des sauterelles qui détruisent tout ce qui a échappé aux ravages de la grêle. Cette plaie est liée à la précédente pour nous apprendre que Mars passe immédiatement à l'état de Mercure ; et la destruction de toute verdure par les sauterelles indique la disette d'eau qui commence à se faire sentir sur cette planète déjà avancée en âge.

Les ténèbres qui durent trois jours font allusion à l'obscurité des nuits de la terre pendant la grande année courante et les deux grandes années suivantes qu'elle parcourra en qualité de Vénus (250).

La mort des premiers nés des Egyptiens figure celle des anciens globes qui arrive dans les systèmes solaires de première classe, et la mort des premiers nés des bêtes figure la destruction des plus anciennes générations qui vivent sur les planètes. Le peuple élu de Dieu est la génération nouvelle que la nature, si dure envers les anciennes, met à couvert de son aile maternelle.

Ainsi, la Bible contient l'histoire de la terre dans tous ses rapports avec les corps célestes et ses propres productions.

L'exposé de cette multitude de faits, peints sous tant de couleurs différentes, s'ouvre au premier verset de la Genèse par ces mots : « Au commencement, Dieu créa le ciel et la terre », et se termine, vers la fin de l'Apocalypse par ces autres mots : « Je vis un ciel nouveau et une terre nouvelle, car le premier ciel et la première terre avaient disparu et la mer n'était plus (1).

Rien de ce qui existait à l'époque de la création de la terre n'existe plus : toutes choses sont nouvelles, mais semblables aux anciennes. La ville sainte, la nouvelle Jérusalem qui descend du ciel parée de ses plus riches ornements, comme une épouse qui se pare pour son époux, figure la grande comète qui vient, dans tout l'appareil de la grandeur et de la puissance, épouser deux systèmes solaires de classe différente.

Mais la grande comète sort bientôt de cette espèce de bigamie pour passer à l'état de soleil de première classe. Ainsi, à cette époque de sa vie, cet astre est l'*alpha* et l'*oméga* de l'alphabet astronomique. Il en est la première lettre si l'on va du centre du système solaire à sa surface; il en est la dernière si l'on vient de la surface au centre.

(1) Apocalypse, ch. 21.

Il est le Dieu ou le soleil que le globe générateur, sous le nom de Jacob, en pénétrant dans un système solaire étranger, où il trouve la belle Rachel, c'est-à-dire l'antre polaire, voit appuyé au haut de l'échelle planétaire, et par laquelle les comètes, sous le nom d'anges, montent et descendent (1).

« Les douze anges qui sont aux douze portes de la nouvelle Jérusalem, » sont les douze planètes zodiacales d'un système de première classe, et les portes expriment l'action absorbante par laquelle ces planètes ouvrent et ferment l'issue à l'expansion du soleil (31).

Le soleil et les planètes qui circulent dans son atmosphère forment la ville sainte ; mais l'atmosphère de cet astre s'étend jusque dans le voisinage de la terre (111), et l'orbite de cette planète est la première enceinte de la ville ; elle est la ligne qui sépare la capitale du reste de l'empire.

Mais le soleil passe de la première classe à la deuxième, et l'ange qui parle à saint Jean est un soleil de cette dernière classe. La canne qu'il tient à la main est la terre qui forme le premier point d'appui que cet astre rencontre en dehors de son atmosphère. Le diamètre de cette planète est l'unité de mesure dont il est fait usage dans cette circonstance. Or, le diamètre de la terre est contenu 12,000 fois dans le rayon de l'écliptique. Ces 12,000 diamètres sont les 12,000 stades qui expriment la grandeur de la ville.

Cette unité de mesure n'est pas la seule dont il soit fait usage dans les récits allégoriques des anciens. S'ils ont pris ici le diamètre de la terre pour unité de mesure, ailleurs ils se serviront du rayon de l'écliptique et plus loin de son diamètre.

(1) Genèse, ch. 28, v. 12.

Par exemple, Emaüs est un bourg feint ou réel de la Judée, que l'Evangile place à 60 stades de Jérusalem (1); mais 60 fois le rayon de l'écliptique donne la distance de la première des deux planètes équatoriales encore inconnues. C'est à ce groupe planétaire que Jésus après sa mort se rendait avec quelques-uns de ses disciples. Cette distance est égale à celle qui sépare les deux composantes de la 61e du Cygne.

Assuérus, roi de Perse, fait pendre Aman à une potence haute de 50 coudées (2) ou diamètres de l'écliptique. Mais la potence est élevée au 9e verset d'un chapitre qui en contient 10. Le verset qui suit l'érection de la potence est le piédestal de cet instrument de supplice et vaut le $\frac{1}{9}$ de sa hauteur. La distance au soleil de la deuxième des deux planètes équatoriales inconnues est donc 55 $\frac{11}{9}$ fois le diamètre de l'écliptique. Cette distance est celle à laquelle les deux composantes de γ du lion sont l'une de l'autre.

De même, si l'on divise l'écliptique par 144, qui est le nombre de coudées qui forment la mesure de la muraille de la ville, on obtient 106,250 myriamètres pour la hauteur de l'atmosphère de la terre. C'est la hauteur qui résulte de la comparaison de la vitesse du mouvement de la terre et de celle du mouvement de la lune, ainsi que je l'ai fait voir dans le mémoire que j'ai présenté à l'Académie des sciences de Paris, au sujet du concours ouvert sur la théorie mathématique des marées, année 1859.

Cependant les habitants des planètes qui sont sous l'empire d'un soleil de première classe, sont à l'abri des passions, des douleurs et de la mort. C'est ce qui sera démontré dans la cosmo-psychologie, et c'est ce qui ressort du 4e verset du chapitre de l'Apocalypse qui nous occupe.

---

(1) Luc, ch. 24, v. 13.

(2) Esther, ch. 7, v. 9 et 10.

Dieu, dit le savant auteur de ce chapitre, en parlant des habitants des planètes qui sont sous l'empire d'un soleil de première classe, « Dieu essuyera les larmes de leurs yeux » et la mort ne sera plus. Il n'y aura plus là ni pleurs, ni » cris, ni afflictions, parce que le premier état sera passé. »

En effet, il y a au sein de l'Eternel deux sources: l'une de vie et l'autre de mort qui inondent successivement la surface des planètes de chaque système solaire. Et les soleils de première classe ouvrent les sources de la vie aux habitants des planètes de leurs systèmes, et rejettent celles de la mort aux habitants des planètes des systèmes de deuxième classe.

Ces faits sont extraordinaires et doivent paraître étranges à ceux qui en sont encore à se disputer sur la divinité du Christ qu'ils ne connaissent pas, et qu'ils rapetissent néanmoins à la mesure de leur esprit. Mais qu'ils étudient Dieu dans ses ouvrages ; et lorsqu'ils le connaîtront, ils verront que la Bible est un vaste recueil de récits cosmologiques, harmonieusement combinés, et élevés en l'honneur de la divinité du Verbe éternel.

La connaissance de l'histoire de l'univers fera cesser les disputes et les hésitations. A la vue de la réalité, la mysticité disparaîtra. La modeste vierge de Nazareth cédera la place à la femme céleste que couronnent douze étoiles, que le soleil environne et qui a la lune sous les pieds. L'humble étable de Bethléem deviendra l'antre polaire du système solaire. Le rôle d'Hérode, le tyran historique, sera rempli par le dragon cométaire dont la puissance absorbante menace l'existence de l'enfant divin ; et le carnage des innocents se trouvera dans l'anéantissement des petites comètes des systèmes solaires, qui a lieu aux époques de renouvellement.

Chacun comprendra alors que le verbe de Dieu, égal à

Dieu, par qui tout a été fait, sans lequel rien n'a été fait, existe de toute éternité. Et en effet, c'est de toute éternité que son souffle allume le feu intérieur qui anime les roues mystérieuses d'Ezéchiel, et qu'il sort de sa bouche une épée à deux tranchants, pour frapper les nations et préparer le grand souper de l'Eternel. C'est de toute éternité qu'il est au milieu des sept chandeliers d'or et qu'il tient dans sa droite les sept étoiles qui sont les églises et les princes des églises, ou plutôt les sept groupes planétaires et leurs principales. C'est de toute éternité qu'il est la lampe de la ville sainte et qu'il reçoit dans son sein les âmes des vivants pour les rendre, par ses souffrances, aux bienfaits d'une nouvelle vie. Il est de toute éternité l'agneau égorgé, qui a sept cornes, et qui tient de la victoire le pouvoir d'ouvrir le livre écrit dedans et dehors, scellé de sept sceaux, et que nul autre que lui ne peut ouvrir ni même regarder. Il est de toute éternité la lumière qui éclaire, le principe qui vivifie et la substance qui nourrit. Il est ce qui était et ce qui sera. C'est par lui que tout existe, et sans lui rien ne saurait exister. Il sauve, il perd, il tue, il ressuscite; et nous oserions encore, insensés que nous sommes, mettre sa divinité en question!

Mais si le Fils de l'Eternel, si le Verbe de Dieu se montrait dans tout l'appareil de sa gloire, quel mortel pourrait subsister devant lui? A la vue de sa face les cieux se roulent comme un livre, les astres pâlissent et le soleil se dépouille de sa clarté; les sépulcres des nations s'ouvrent, les âmes des morts s'échappent de leur sein et comparaissent devant leur Juge. Ah! combien alors la créature sent la différence qui existe entre elle et son Créateur! Avec quelle conviction chacun confesse en tremblant que le Christ est Dieu!

Cependant le Tout-Puissant nous a départi un rayon de

sa sagesse divine qui nous rend capables de le connaître, et de discerner les moyens de nous le rendre propice. Que nous serions coupables si, négligeant ce talent divin, nous nous laissions surprendre par la famine qui accompagne toujours les déluges universels ! Que les savants étudient donc le système des mondes et les livres des anciens ; il n'y a pas là seulement de la gloire à acquérir ou de l'argent à gagner ; il y a mieux que cela, il y a un grand service à rendre aux nations.

FIN.

TABLE DES MATIÈRES

FIN DE LA TABLE.

www.ingramcontent.com/pod-product-compliance
Ingram Content Group UK Ltd.
Pitfield, Milton Keynes, MK11 3LW, UK
UKHW020247220726
13923UKWH00002B/847

9 782329 026633